Einblick

in das Studium der Psychologie

Studenten vermitteln
Inhalte ihres Fachs

von Markus Fellner

OPS-Verlag

ISBN 3-930487-26-8
© 1997 OPS Verlagsgesellschaft mbH, München
Satz, Layout, Grafik: OPS
Idee und Konzept: Antje Stermann
Druck: Ebner Ulm

Zur Reihe »Einblick«

Wer sich heutzutage entscheidet, ein geisteswissenschaftliches Fach zu studieren, geht angesichts der Lage auf dem Arbeitsmarkt mit Sicherheit ein Risiko ein. In vielen Fällen wird eine offensichtliche oder vermeintliche Neigung – entdeckt in der Schule oder aufgrund von Meinungen und Standpunkten mehr oder weniger informierter Mitmenschen – eine große Rolle bei der Wahl des Studienfachs spielen. Doch gerade beim Neigungsstudium, dem zu Unrecht der Geruch vorsätzlichen Außenseitertums oder gar weltfremden Snobismus' anhängt, ist es wichtig, vorher zu wissen, auf welche Art von Geistesanstrengung man sich einläßt. Denn oftmals klaffen in diesem Bereich Vorstellung und Wirklichkeit weit auseinander.

Die Inhalte geisteswissenschaftlicher Studiengänge vermitteln die Bände dieser Reihe, die von Studenten oder Absolventen verfaßt sind, denen die Atmosphäre in Seminar, Vorlesung und Studierzimmer noch lebhaft vor Augen steht. Ihnen gebührt höchste Anerkennung, haben sie doch durch die verkürzte Darstellung der Gebiete ihres Fachs zwangsläufig das Risiko auf sich genommen, von wissenschaftlicher Seite aus angreifbar zu sein.

Unser Bestreben ist, all jenen eine Orientierungshilfe an die Hand zu geben, die sich rasch und unkompliziert in groben Zügen darüber informieren wollen oder müssen, worüber die Köpfe der Studenten eines bestimmten Fachs eigentlich brüten. Verkürzungen, Verzerrungen und Lücken sind dabei notwendigerweise entstanden, denn im Vordergrund standen Anschaulichkeit, Lebendigkeit und Begeisterung für die Wissenschaft. Wir glauben, all das haben Autorinnen und Autoren der Reihe in bewundernswerter Weise zu einem Szenario zusammengestellt, das einen realistischen Einblick in ihr Fach vermittelt. An dieser Stelle unser Dank an sie.

Andreas Patschorke und Christian Q. Spitzner (OPS)

Für Irmi

Vorwort

Psychologie ist eine faszinierende und gleichzeitig auch umstrittene Wissenschaft. Jede und jeder hat eine Vorstellung von der Psychologie – die nicht selten von den wirklichen Inhalten, Forschungsweisen und Anwendungen der Psychologie abweicht. Zusätzlich zu den verschiedenen Anschauungen, was Psychologie sei, gibt es wie kaum für eine andere Wissenschaft gegensätzliche Meinungen, was der Sinn der Psychologie sei. Viele heben die Psychologie als einen Segen für die Menscheit in den Himmel und sehen in ihr Wahrheiten verkündet wie andere in der Bibel. Viele verdammen die Psychologie als neumodischen Quatsch und Verrohung im Umgang mit seelischen Belangen. Und nicht wenige andere wollen mehr über Psychologie wissen, ein differenziertes Bild von ihr erlangen, sich fundiertes Wissen dieser Wissenschaft aneignen und unter Umständen einen Beruf im Feld der Psychologie anstreben – Interessen, welche die Überlegung, Psychologie zu studieren, nahelegen. Besonders interessant ist dabei, zu sehen, daß sich die unterschiedlichsten Leute, von verschiedensten Berufen oder Schulen kommend, für ein Psychologiestudium interessieren.

All jene, die sich für ein Studium der Psychologie interessieren, stehen dem grob geschilderten Spannungsfeld verschiedenster Ansichten und Werthaltungen zur Psychologie gegenüber. Verunsicherungen darüber, was da im Studium auf einen zukommen kann, verwundern daher nicht.

Dieses Buch versucht, Interessierten eine Orientierung über die Inhalte, den Ablauf und die Eigenheiten des Studienfaches Psychologie zu geben. Es ist kein Lehrbuch, nicht Einführung im üblichen Sinne, in der möglichst viel detailliertes Fachwissen für Fachpublikum hineingepackt wäre. Vielmehr soll es helfen, den »Charakter« des Studienfaches Psychologie zu begreifen und zur Auseinandersetzung mit jener vielschichtigen Wissenschaft anregen. Das heißt, es ist nicht als ein Buch zum Lernen gedacht. Es kann eher wie ein Reiseführer durch die Landschaft der Psychologie, wie sie im Studium begegnen kann, gelesen werden. In erster Linie ist es natürlich für die gedacht, die vor der Entscheidung für oder gegen ein Psychologiestudium stehen. Es kann aber auch für bereits Studierende und generell für Leserinnen und Leser, die sich für Psychologie interessieren, eine lohnende und unterhaltsame Lektüre sein.

Markus Fellner

Inhalt

A.   Inhalte des Studiums

1.   Was ist Psychologie?

1.1   Die wahren Kerne einiger Mißverständnisse

Noch bevor man weiß, was Psychologie denn genau ist, begegnen Studierende dieses Fachs bestimmten Vorstellungen, die zum Teil auf einem verzerrtem Bild von der Psychologie beruhen, aber auch einen Kern Wahrheit beinhalten. Jeder Student und jede Studentin der Psychologie kennt die folgenden Kommentare auf die Frage hin, was man denn studiere:

> *(1) Psychologen haben doch alle einen Knacks und bräuchten selber einen Therapeuten.*
> *(2) Hilfe, ich sag' lieber gar nichts mehr.*
> *(3) Das ist ja interessant, haben Sie schon Buch XY gelesen?*
> *(4) Das ist gut, in so einer verrückten Welt werden wir immer mehr Psychologen brauchen.*

(1) Der erste Kommentar dürfte der meistgehörte sein. Hier wird ausgesagt, daß es in der Psychologie ausschließlich um »Knackse«, d.h. um **»psychische Störungen«** geht. Das stimmt so nicht. z. B. gibt es auch Werbe- oder Marketingpsychologie, Verkehrspsychologie, Sportpsychologie und vieles mehr. Um psychische Störungen geht es nur in manchen Teilgebieten der Psychologie.

Weiter legt der Ausdruck »Knacks« die Vorstellung nahe, es gäbe »Normale« sowie »Gestörte«, und letztere bräuchten den Seelenklempner. Wahr ist, daß es üblich ist, so zu denken, und daß der Psychologie politisch die Aufgabe einer Reperaturwerkstatt für gesellschaftliche Beschädigungen zugedacht wird. Wahr ist auch, daß die Psychologie diese Aufgabe in weiten Bereichen übernimmt. Gleichzeitig besteht aber auch eine Möglichkeit der Psychologie darin, zu zeigen, daß diese Unterscheidung in »normal« und »gestört« künstlich hergestellt wird und daß sie bestimmte Auswirkungen hat. Die Psychologie kann versuchen, die »Knackse« als etwas Alltägliches zu verstehen, und überlegen, unter welchen Bedingungen sie stattfinden. Das heißt, die Psychologie kann auch **kritische Gesellschaftswissenschaft** sein.

Das zweite Mißverständnis besteht darin, daß **Psychologie gleich Psychotherapie** sei. So wichtig die Aufgabe der Psychologie ist, sich mit Psychotherapie zu beschäftigen, so wichtig ist auch ihre Aufgabe, zu analysieren, welche gesellschaftlichen Umstände psychisches Leiden verursachen und welche Alternativen denkbar sind. Weiterhin ist das Psychologiestudium keine Ausbildung zum Psychotherapeuten oder zur Psychotherapeutin. Das Studium vermittelt vielmehr eine Basis, auf der die Ausbildung in Psychotherapie eine von vielen Möglichkeiten darstellt, sich beruflich zu entwickeln. Z. B. hat die Arbeit als Gutachter beim TÜV nichts mit Psychotherapie zu tun.

Der Kommentar mit dem »Knacks« ist natürlich nicht einfach aus der Luft gegriffen. Er bezieht sich salopp formuliert auf einen wichtigen Aspekt der **Motivation zum Psychologiestudium**. Man meint, die Lieblingstätigkeit von PsychologInnen bestehe darin, an den »Knacksen« anderer rumzuschrauben, um damit bei sich selbst etwas bestimmtes zu erreichen. Davon abgesehen, daß die Berufsfelder für PsychologInnen weit mehr Aufgabenbereiche als das Helfen umfassen, ist das Erlernen eines Heilberufes das häufigste Anliegen der Studienanfänger in Psychologie. Ein wesentliches Motiv des helfenden Berufes ist natürlich **Macht** – die Macht, bei anderen etwas zu bewirken. Weiterhin liegt diesem Bedürfnis nicht selten das Anliegen zugrunde, eigenen Problemen aus dem Weg zu gehen. Hier waltet die Hoffnung, durch die Beschäftigung mit den Problemen anderer und durch die Beschäftigung mit Problemen auf einer allgemeinen Ebene die eigenen Konflikte lösen zu können. Dieser Zusammenhang dürfte den meisten Laien auch unter dem Stichwort »Helfersyndrom« bekannt sein – die Berufskrankheit Nummer eins in den helfenden Berufen. Die Beschäftigung mit anderen kann einer der bestfunktionierenden Tricks sein, um sich selbst aus dem Weg zu gehen. Ein Psychologiestudium bietet in der Tat die Möglichkeit, derart motiviert eine »Wissenschaft über die anderen« zu betreiben, aber auch die Chance, zu erkennen, daß die geschilderte Rechnung in Wirklichkeit nicht aufgehen kann. Die Rechnung wird nämlich ohne den Wirt gemacht – und der Wirt, das sind die eigenen Gefühle. In Zusammenhang mit dem Wissen, das man sich während des Studiums aneignet, sind die eigenen Gefühle das primäre Handwerkszeug in den **psychosozialen Berufen** und auch in manchen Bereichen der psychologischen Forschungsarbeit. PsychologInnen gelten dabei nicht als Experten der Seelenlage bei anderen, sondern als Experten ihrer eigenen Gefühle in Beziehung zu anderen. Dies ist ein sehr wichtiger Unterschied.

Natürlich geht es im Psychologiestudium nicht nur um's Spüren eigener Gefühle und um die Beziehung zu anderen Menschen, sondern auch – und überwiegend – um die Entwicklung sowie Überprüfung von Vorstellungen, die **berechenbare Vorhersagen** über bestimmte psychische Phänomene, wie z. B. Wahrnehmung oder Denken erlauben. Nur in manchen Bereichen der Psychologie spielen eigene Gefühle eine wissenschaftliche Rolle, denn in den meisten Forschungszweigen werden sie bewußt ausgeklammert, um Ergebnisse erhalten zu können, die möglichst exakt in Zahlen beschreibbar sind. Man denke hier beispielsweise an Forschungslabors, in denen eine Versuchsperson im Zentrum von Meßgeräten, Elektroden, Videokameras, Monitoren, Lautsprechern, Mikrophonen und anderem HighTech sitzt, ein Computer alle Daten mathematisch verrechnet und ein Psychologe oder eine Psychologin über Graphiken und Tabellen brütet. Auch die Faszination durch die mittlerweile **hochentwickelten technischen Möglichkeiten** zur Erforschung des Menschen kann ein Motiv zum Psychologiestudium sein. Hier gilt es dann besonders, die **Grenzen psychologischer Erklärungen** zu akzeptieren. Denn die Versuchung, diese Grenzen zu übersehen, steigt meist mit dem Fortschritt an technischen Möglichkeiten. Auch die Grenzen der Reichweite psychologischer Erklärungen sind durch die steigende Komplexität der Theorien und durch den technologischen Fortschritt der Untersuchungsmethoden immer schwieriger zu erkennen. Eine ausführliche Beschäftigung mit **Methodenlehre, Erkenntnisphilosophie und Wissenschaftstheorie** ist deshalb im Psychologiestudium sehr ratsam.

Das Wissen um bestimmte psychische Funktionszusammenhänge erklärt das Befinden von Menschen also nur zu einem bestimmten Maß. Und dieses Maß wird gerne überschätzt – mitunter in der Hoffnung, daß psychologisches Wissen die Auseinandersetzung mit dem eigenen Seelenschmerz ersetzen könnte. Diese Hoffnung hegen die meisten PsychologiestudentInnen, denn sie ist recht menschlich. Das Interesse an so etwas wie der Psyche des Menschen ist nicht selten durch einen drückenden seelischen Schuh, aber auch – und damit zusammenhängend – durch ein hohes Maß an Einfühlungsvermögen motiviert. Nun kann man durch den Erwerb psychologischen Wissens den Irrglauben weiter nähren, sich emotionale Verunsicherungen sparen zu können, und den schmerzenden Zeh weiter einbetonieren. Man kann aber auch die psychologische Arbeit mit eher funktionalen Gegenständen und persönliche seelische Konflikte deutlich als zwei Paar Stiefel trennen. Genauso kann man sich mehr für's Seelische interessieren und dabei die Grenzen der Humanwissenschaften kennenlernen. Weiterhin kann man das Psychologiestudium auch nutzen, die Fähigkeit zur **Reflexion sozialer Begebenheiten** auszubauen.

Wie im weiteren Verlauf dieses Buches gezeigt werden soll, gibt es unterschiedliche Arten, Psychologie zu betreiben. Der drückende Schuh – der »Knacks« – und das mitgebrachte Einfühlungsvermögen können demnach völlig unwichtig, ein Stolperstein, aber auch fruchtbares Kapital im Studium sein. Auf keinen Fall kann ein Psychologiestudium eine Psychotherapie oder – allgemein gesehen – konflikthafte Auseinandersetzungen ersetzen.

(2) Der zweite Kommentar beruht auf der Vorstellung, daß PsychologInnen **Röntgenaugen** haben, selbstverständlich sofort mehr über andere wissen als diese selbst, und einem peinliche Sachen sagen könnten. Z. B. wäre Hannibal Lecter in »Schweigen der Lämmer« dieser Gattung Psychologe zuzuordnen. In Wirklichkeit hat natürlich kein Psychologe diesen unheimlichen Durchblick, aber wahr ist, daß einige so tun als ob, und daß in weiten Bereichen der Psychologie der Mensch wie eine **komplizierte Maschine** mit bestimmten Gesetzmäßigkeiten erforscht wird.

(3) Der dritte Kommentar verweist auf den **Psychoboom** der letzten 20 Jahre. Jede populäre Zeitschrift hat eine Psychosparte, in den Buchhandlungen quellen die Regale mit psychologischer Ratgeberliteratur über, und eine Flut von Theorien zum »wahren Sein des Menschen« hat Hochkonjunktur. Mit den schillernden Gedankengebäuden vieler populärer Psychobücher hat die akademische Psychologie meist wenig zu tun, aber wahr ist, daß viele Erkenntnisse und Begrifflichkeiten der Psychologie tief in das **Alltagsverständnis von seelischen Prozessen** gedrungen sind. »Verdrängung«, »Komplex«, »Neurose«, »Selbstverwirklichung«, »Kreativität«, »Aggression« sind beispielsweise Begriffe, die jeder kennt und verwendet. Vor allem der Begriff »Psychologie« selbst wird selbstverständlich zur Erklärung unterschiedlichster Gegebenheiten verwendet – z. B., wenn in der Sportschau die schwachen Rennergebnisse eines Formel1-Fahreres mit einem »psychologischen Drehzahlbegrenzer« erklärt werden. Aber nicht nur als Theorieinstrument durchdringt die Psychologie den Alltag, sondern auch in ihren **vielfältigen Praxisfeldern**. Im Sport z. B. gehören psychologisch erarbeitete Methoden zum Trainingspsrogramm, im Kindergarten sind die Erzieher und Erzieherinnen psychologisch geschult, beim Arzt wird öfters geraten, etwas für die Psyche zu tun, Psychotherapie ist längst kein Fremdwort mehr, im Urlaub werden Selbsterfahrungsan-

gebote wahrgenommen, und in den großen Unternehmen werden die Mitarbeiter psychologisch trainiert.

(4) Der vierte Kommentar bezieht sich auf die falsche Überzeugung, **politische Mißstände** könnten durch Psychologie gelöst werden. Diesem Mißverständnis liegt eine Flut von Theorien zugrunde, die gesellschaftliche Phänomene psychologisch in der Art und Weise erklären, daß es z. B. deshalb Krieg gibt, weil der Mensch so und so ist. Natürlich ist es eine wichtige Aufgabe der Psychologie, solche Phänomene im Rahmen ihrer Möglichkeiten aufzuhellen, aber sie kann keine allumfassenden Erklärungen dafür liefern – andernfalls handelt es sich dabei um die sogenannte **Psychologisierung** z. B. ökonomischer Zusammenhänge. In der Praxis lassen sich die politischen Probleme natürlich auch nicht durch psychologische Techniken der Bewußtseinsveränderung lösen. Eine ernsthafte und kritische Aufgabe der Psychologie besteht vielmehr darin, Erkenntnisse über die Mechanismen zu liefern, **wie sich bestimmte gesellschaftliche Bedingungen auf die Individuen auswirken.** Die Bedingungen kann nicht die Psychologie selbst, sondern nur die politische Praxis ändern.

Psychologie wird also häufig weit über ihre Grenzen hinaus betrieben. Vielleicht ist sie auch gerade deshalb so populär, weil sie für komplexe gesellschaftliche Zusammenhänge scheinbar einfache, plausible Erklärungsmuster anbieten kann. Will man Psychologie nicht nur im populärwissenschaftlichen Sinne betreiben oder durch ein zu weit ausgedehntes Psychologieverständnis soziale Prozesse vernebeln, dann ist es notwendig, ihren **Gegenstand** und die dafür **passenden Untersuchungsmethoden** genau zu bestimmen.

1.2   Die Psyche – ein obskures Objekt der wissenschaftlichen Begierde

Psychologie ist, wie der Name schon sagt, die Wissenschaft von der Psyche. Doch was ist die Psyche?

Das Wort **Psyche** kommt aus der altgriechischen Sprache und wird mit **(Lebens-)Hauch** übersetzt. Hier wird gleich klar, daß die Erforschung der Psyche nur ein sehr diffiziles Unterfangen sein kann. Wie will man einen Hauch erforschen, ohne ihn wegzublasen? Andere Übersetzungen wie »Gemütsverfassung« oder »Seelenleben« zeigen das gleiche Problem: Bereits in der Theorie ist der Gegenstand der Psychologie äußerst schwierig zu bestimmen und verlangt Vorsicht. Die Seele beschäftigt die Menschen schon immer, und die unterschiedlichsten Vorstellungen wurden bereits dazu entwickelt. Traditionell war es Aufgabe der Religion und Philosophie, am **Begriff der Seele** zu arbeiten. Und dieser Begriff änderte sich im Zuge kultureller Veränderungen. Zur Zeit der Rennaissance löste sich der Begriff des Menschen vom Gottesbegriff ab. Der Mensch erschien nun als ein eigenständiges Wesen, das das Zentrum seiner Handlungen bildet. Gleichzeitig änderte sich auch der Naturbegriff. Die Natur erschien nicht mehr als spirituelles Geheimnis, sondern als ein bestimmten Gesetzmäßigkeiten unterworfener Funktionszusammenhang. Und man ging davon aus, diese Gesetzmäßigkeiten herausfinden zu können, wenn man sein Ohr geschickt genug an die Brust der Natur legt. Da der Mensch aufgrund seiner Leiblichkeit nun ganz offensichtlich auch zur Natur gehört, wurde etwas später begonnen, den Menschen nach Naturgesetzen zu untersuchen. Im 19. Jhd. blüht die moderne Psychologie als eine ganz junge Wissenschaft auf. Die Psychologie löste sich hier von der **Philosophie**, die aber bis heute ein kritisches Auge auf psychologische Erkenntnisse wirft und im Studium unentbehrlich sein sollte. Die Philosophie bremst die an Fakten orientierte Psychologie in ihrem oft überschwenglichen Eifer und ermahnt sie, sich mit den gleichen methodischen Problemen wie alle anderen Geisteswissenschaften herumzuschlagen. Sie legt den Finger beispielsweise auf einen von vielen empfindlichen Punkten der Psychologie: Untersucht man den Menschen nach Gesetzmäßigkeiten, so bleibt immer etwas übrig, was sich den Erklärungen entzieht – die Seele. Da offensichtlich im Begriff »Seele« all das aufgehoben ist, was nicht ergründet werden kann, verzichtet die Psychologie auf diesen Begriff im strengen Sinne und verwendet ihn eher im Sinne einer Metapher. Sie tritt nicht auf, um die ewigen Fragen der Menschheit zu lösen. Vielmehr versucht sie, ihren Gegenstand so einzugrenzen, daß sich auch wissenschaftlich etwas darüber sagen läßt, und kommt zu folgender Definition:

> Die Psychologie ist die Wissenschaft vom Erleben und Verhalten des Menschen.

Doch trotz dieser scheinbaren Bescheidenheit ist der Gegenstand der Psychologie immer noch komplizierter als man denkt. »Verhalten« läßt sich ja noch einigermaßen klar bestimmen, doch wie interpretiert man es? Über den Begriff »Erleben« kann man so grundsätzlich verschiedener Anschauung sein, daß sich das gleiche Problem wie mit der »Seele« wieder stellt. Inwieweit erklärt z. B. die Untersuchung neuronaler Prozesse das Erleben beim Betrachten eines Bildes? Bestimmte

Sachverhalte lassen sich zweifellos erkennen, aber reichen sie aus, um von »Erleben« zu sprechen? Hier antwortet die Psychologie, indem sie sagt: »Nicht ganz, aber eine bestimmte **Dimension** des Erlebens kann erfaßt werden.« Mit »Dimension« ist hier ein wichtiger Begriff der Psychologie angesprochen – dazu später mehr.

Nicht nur, weil der Gegenstand der Psychologie so komplex ist, macht er Probleme, sondern auch, weil hier der Mensch auf etwas ganz besonderes schaut – nämlich auf sich selbst. Er ist wissenschaftlicher **Gegenstand und Beobachter gleichzeitig.** Und die Art und Weise, wie man schaut, beeinflußt natürlich, was man sieht – für die Naturwissenschaft hat das bereits die moderne Physik am Anfang des Jahrhunderts gezeigt. Es muß also auch die Art und Weise, wie man schaut, in Betracht gezogen werden, und man findet sich vor einer alten philosophischen Kniffelaufgabe, die sich so zusammenfassen läßt: Ein Brillenträger sucht seine Brille, müßte sie aber bereits auf der Nase haben, um sie finden zu können. Was hier angesprochen wird, nennt man wissenschaftstheoretisch das Problem der Selbstreferentialität von Theorien oder auch Reflexivität des Forschungsprozesses.

Die Psyche, der Lebenshauch, das Erkennen oder allgemein die Seele läßt sich also nicht direkt anschauen, weil sie bereits die Art und Weise, wie man schaut und was man dann sieht, bestimmt. Wie später gezeigt werden soll, wird dieses philosophische Problem auf unterschiedliche Weise in der Psychologie berücksichtigt.

Die begriffliche Aufspaltung der »Seele« in »Erleben und Verhalten« hilft nur begrenzt weiter und kommt an einer der ältesten philosophischen Fragen nicht vorbei: »Was ist der Mensch?« Diese Frage ist wissenschaftlich letztendlich nicht zu beantworten, aber man macht sich Bilder davon – sogenannte **Menschenbilder.** Und von diesen Bildern hängen die jeweiligen psychologischen Erkenntnisse stark ab.

1.3   Menschenbilder

Wie gesagt, nicht eine Antwort auf die Frage »Was ist der Mensch?« ist relevant, sondern wie wir ihn uns vorstellen und welche Konsequenzen die jeweilige Vorstellung für die psychologische Arbeit hat. Stelle ich mir den Menschen allgemein wie eine Maschine vor, so kann ich konkrete Menschen nur wie Maschinen erforschen und wissenschaftlich als solche behandeln. Damit soll nicht gesagt werden, daß ForscherInnen mit diesem Menschenbild keine Gefühle gegenüber ihren

Mitmenschen mehr hätten, sondern lediglich, daß ihre Gefühle und die der anderen sowie all das, was Menschen von Maschinen unterscheidet, im Rahmen ihrer professionellen Tätigkeit strenggenommen keinen Platz haben. Nur »strenggenommen« trifft diese Aussage zu; denn es gibt auch die Möglichkeit, sich den Menschen wie eine Maschine vorzustellen und auf dieser Basis wissenschaftlich vorzugehen. Dabei muß man aber natürlich nicht wirklich glauben, der Mensch sei so, und kann dadurch die **Grenzen der so gewonnenen wissenschaftlichen Erkenntnis** sehen. Diese Grenzen sind dabei oft enger, als man glauben möchte, aber es gibt ja noch andere Menschenbilder, die entsprechend andere Erkenntnisse zulassen. Jedes Menschenbild bewirkt bestimmte Grenzen der Erkenntnis und sollte danach gewählt werden, worüber man etwas rausfinden möchte. Demnach sind die Menschenbilder Fundamente der Psychologie. Grundsätzlich kann man sie nach zwei Kategorien einteilen. Erstens danach, *wie* man Menschen anschaut, und zweitens danach, über *was* man bei Menschen mehr wissen möchte. Die erste Kategorie bezieht sich also auf den *Blick* der Forschenden und die zweite auf den *Gegenstand* der Forschung.

(1) Das mechanistische Menschenbild: Der Mensch wird hier wie eine mechanische Maschine begriffen, die nach bestimmten Gesetzmäßigkeiten funktioniert. Die Funktionsgesetze sind dabei einfache Wenn-Dann-Beziehungen wie in der Newtonschen Physik, und man spricht von kausalen sowie linearen Beziehungen. Z. B.: Wenn ich einen Apfel in der Luft loslasse, dann fällt er herunter.

(2) Das systemische Menschenbild: Dieses Menschenbild ist im Prinzip auch ein mechanistisches – aber viel komplexer. Nicht mehr einfache Wenn-Dann-Beziehungen, sondern ein ganzes Geflecht von Wenn-Dann-Beziehungen bestimmt den Menschen. Man spricht von multikausalen Beziehungen, weil mehrere Bedingungen nur zusammen einen bestimmten Effekt bewirken. Weiterhin – und dies ist der zentrale Gedanke der Systemtheorie – haben die Effekte auch Auswirkungen auf ihre Bedingungen. Es gibt also Wechselwirkungen und Rückkoppelungen. Somit sind die Beziehungen nicht mehr linear, sondern zirkulär. Da es sich hier um Regelkreise handelt, nennt man das systemische Menschenbild auch »kybernetisch«. Der Mensch wird dabei nicht nur isoliert als ein System begriffen, sondern auch als ein Teilsystem in größeren Systemen, wie z. B. einer Familie, einer Gruppe oder einer Firma.

Das systemische Menschenbild trägt der Komplexität menschlichen Erlebens und Verhaltens insofern Rechnung, als es selber auch komplex ist. Es beschreibt den Menschen als ein Bündel von Funktionen innerhalb eines Netzwerkes von Funktionen. Dabei regulieren sich die Systeme innerhalb ihrer Zusammenhänge gewissermaßen selbst, wobei sie sich immer irgendwie in einen Gleichgewichtszustand (sog. Homöostase) einpendeln. Gleichzeitig gibt es nicht mehr die Vorstellung eines archimedischen Punktes, von dem aus alles anfängt, sondern die Systeme erschaffen sich selbst. Diese Selbsterzeugung der Systeme bezeichnet man mit dem in den letzten zehn Jahren populär gewordenen Begriff »Autopoiesis«.

Der sterile Eindruck, den man von diesem Menschenbild haben kann, kommt daher, daß es für sich allein genommen Menschen nur als hochkomplizierte Roboter betrachten kann. Die Widersprüchlichkeiten des menschlichen Lebens in einer von Widersprüchen durchzogenen Gesellschaft kann das systemische Menschenbild nicht erfassen. Erkenntnisse darüber, wie es jemandem geht, lassen sich nur sehr begrenzt damit gewinnen. Dafür bietet das systemische Menschenbild aber brauchbare Aufschlüsse über einen Gegenstand der Psychologie, der für die Entwicklung einer ganz bestimmten Technologie hochinteressant ist: Die Formen menschlichen Denkens und die Entwicklung künstlicher Intelligenz (die neue Computergeneration) – mehr dazu in Abschnitt 4.2.3.

(3) Das ganzheitlich-humanistische Menschenbild: Formal ist dieses Menschenbild dem systemischen ähnlich, weil es die Annahme voraussetzt, daß der Mensch mehr ist als die Summe seiner Einzelteile. Dabei unterscheidet es sich allerdings vom systemischen, weil es mehr als Funktionszusammenhänge zu erfassen beabsichtigt. Gewissermaßen der Inhalt des Mensch-Seins interessiert hier. Weil diesem Interesse die Vorstellung zugrunde liegt, daß es ganz bestimmte Inhalte gibt, die den Menschen als solches ausmachen, spricht man auch von einem humanistischen Menschenbild. Unter der ganzheitlichen Perspektive werden dabei nicht einzelne Inhalte isoliert anvisiert, sondern das Zusammenwirken aller Inhalte. Man kann sich das ganzheitliche Menschenbild wie den Blick auf ein Mosaik vorstellen. Nur wenn man das ganze Mosaik auf einmal ansieht, zeigt sich dessen Schönheit, oder um einen beliebten Begriff des Humanismus zu gebrauchen – dessen Wesen. Betrachtet man nur einen einzelnen Teil, entschwindet die Charakteristik des Mosaiks. Nur als ein Ganzes kann es erkannt und gewürdigt werden.

Praktisch sind die Vorteile des ganzheitlichen Menschenbilds vor allem aus der Medizin und Homöopathie bekannt. Untersucht man nur

Teilaspekte menschlicher Gesundheit und leitet man die Behandlungsmethoden nur einseitig aus den Teilerkenntnissen ab, so kann daraus unter Umständen mehr Schaden als Nutzen für die Patienten entstehen, da mögliche Folgeschäden oder Vernachlässigungen in anderen Bereichen der Gesundheit aus dem Blick geraten. Diese Erkenntnis ist auf die (klinische) Psychologie übertragbar.

Problematisch ist das ganzheitliche Menschenbild aufgrund der humanistischen Fundierung. Sicherlich kommt die Vorstellung eines ganzen Menschen gegenüber der eines zerstückelten grundsätzlich eher an die Realität der Psyche heran. Doch was kann man sich unter der Ganzheit des Menschen genauer vorstellen? Hier ist theoretische Vorsicht geboten – Vorsicht wegen möglicher Schlußfolgerungen, die aus bestimmten Vorstellungen über Inhalte, die den Menschen als solchen ausmachen sollen, gezogen werden können. Ein Wesen des Menschen wird allgemein angenommen. Das ist ideologischer Sprengstoff – denn grundsätzlich läßt sich in diese allgemeine Vorstellung alles mögliche hineinpacken. Nicht zufällig waren in der ersten Hälfte des Jahrhunderts in Deutschland Philosophien der Ganzheitlichkeit vorherrschend.

Das Wesen der menschlichen Psyche erscheint unter dem humanistischen Blickwinkel als von Natur aus gegeben und nicht als grundlegend in Raum und Zeit veränderlich. Was hier unter den Tisch fällt, sind zwei Aspekte: Zum einen, daß die menschliche Psyche sich im Laufe der Geschichte ändert, und zum anderen, daß der Blick des Psychologen vom Stand der Geschichte und von der Kultur, in der er lebt, maßgeblich abhängt.

(4) Das dialektische Menschenbild: Dieses Menschenbild trägt in besonderem Maße der eben genannten Kritik am ganzheitlichen, humanistischen Menschenbild Rechnung. Es betrachtet den Menschen und den Blick des Forschers grundlegend in Zusammenhang mit den gesellschaftlichen Verhältnissen, in denen er lebt – und zwar nicht nur äußerlich, sondern bis ins Innerste. Das heißt, daß nicht nur eine Wechselwirkung zwischen einem angenommenen Kern der Psyche und seiner Umwelt besteht, sondern, daß der Kern selbst gesellschaftlich bestimmt ist. In anderen Worten: So wie der Mensch gesellschaftliche Verhältnisse herstellt, so ist er gleichzeitig ein Produkt derselben Verhältnisse. Man kann hier sagen: »Da ist doch ein Widerspruch. Wie kann der Mensch seine Umwelt verändern, wenn genau diese Umwelt doch ihn bestimmt. Wie ist dann überhaupt Erkenntnis möglich, wenn das Erkennen selbst durch das bestimmt wird, was ich erkennen möchte?« Hier kann einem schwindlig werden, weil man im Denken von einer Seite zur anderen springen muß und kein Außenstandpunkt möglich ist, von dem aus sich der Gegenstand eindeutig feststellen und erklären läßt.

Dieses »Schwindligdenken« nennt man Dialektik, sie kann im Prinzip durch zwei Kennzeichen charakterisiert werden: Zum einen durch das eben angedeutete Hin und Her. Das eine kann nicht ohne das andere gedacht werden. Und zum anderen durch die Verneinung universeller (rundum, ewig und überall gültiger) Wahrheiten. Dialektisches Denken ist in ständiger Bewegung, die man »Vermittlung« nennt, und antwortet auf jede Frage zunächst mal mit: »Das kommt drauf an.«

Bitter für den Forscher, der eindeutige Erkenntnisse sucht. Schaut man mit dem dialektischen Blick auf den Menschen, so scheiden alle Annahmen darüber aus, wie eine reine Natur der Psyche ausschauen könnte. Es wird davon ausgegangen, daß es so etwas wie eine »reine« Natur des Menschen gar nicht gibt. Hier unterscheidet es sich vom humanistischen, ganzheitlichen Menschenbild, und durch den Einbezug der konkreten Verhältnisse, in denen Menschen leben, unterscheidet es sich vom systemischen Menschenbild.

Ohne sich auf starre Gesetzmäßigkeiten oder »Wesenheiten« des Mensch-Seins berufen zu können, ermöglicht das dialektische Menschenbild Aufschluß darüber, was mit der Psyche in der Gesellschaft passiert. Es öffnet den Blick dafür, wie Menschen sich psychisch in gesellschaftliche Verhältnisse gewissermaßen einbauen und welche Kanten die Psyche dadurch bekommt. Diese psychischen Kanten sind der Gegenstand, den ein dialektisches Menschenbild begreifbar macht. Dabei zeigt sich kein harmonisches Bild, sondern eine widersprüchliche Psyche in einer widersprüchlichen Welt.

Die eben geschilderten Menschenbilder unterscheiden sich in der Art und Weise, wie die ForscherInnen auf die Psyche schauen. Dabei versuchen sie, den Blick auszuwählen, der ihnen am meisten Aufschluß darüber gibt, was sie anschauen möchten. Wie schon angedeutet, bringt es z. B. wenig, wenn mit einem mechanistischen Menschenbild versucht wird, die soziale Verfaßtheit der Psyche in den Industriegesellschaften am Ende des 20.Jahrhunderts aufzuhellen – hier ist das dialektische am geeignetsten. Wird ein genau eingegrenzter Gegenstand untersucht, wie beispielsweise die Informationsverarbeitung bei der Arbeit mit einer bestimmten Computer-Software, wird wahrscheinlich ein systemisches Menschenbild das brauchbarste sein. Für die Messung der Reaktionsschnelligkeit auf unterschiedliche optische Reize dürfte ein mechanistisches Menschenbild ausreichen. Und zur Verbesserung des Lehrangebots in Schulen kann sicherlich ein ganzheitliches Menschenbild am meisten beitragen.

Da es, wie schon kurz angedeutet wurde, ganz unterschiedliche Gegenstände in der Psychologie gibt, kann ein Menschenbild auch danach ausgerichtet sein, was einen an der Psyche am meisten interessiert. In der psychologischen Grundlagenforschung lassen sich dabei grob und sehr vereinfacht gegliedert *vier Gegenstände* unterscheiden:

◗ die biologischen Prozesse im Nervensystem

◗ das sichtbare Verhalten

◗ das Denken und

◗ unbewußte Konflikte im Erleben zwischenmenschlicher Beziehung.

Daraus lassen sich entsprechende Menschenbilder ableiten:

1. **Das biologistische Menschenbild:** Die Prozesse im Nervensystem bestimmen, was der Mensch fühlt, denkt, erlebt und macht. Der Mensch ist ein chemischer Prozeß.

2. **Das behavioristische Menschenbild:** Das Innenleben des Menschen ist für die Psychologie uninteressant und tut nichts zur Sache, weil es unsichtbar ist. Nur das Verhalten ist von Bedeutung. Der Mensch ist, was er tut.

3. **Das kognitivistische Menschenbild:** Das Verhalten und Erleben hängt vom Denken ab. Im Kopf entsteht Wirklichkeit, und der Mensch ist das, was er von sich denkt.

4. **Das psychoanalytische Menschenbild:** Der Mensch ist nicht Herr in seinem eigenen Haus. Unbewußte Wünsche sowie Ängste treiben ihn und zeigen sich in verschlüsselter Gestalt. In ihm steckt mehr, als er denkt.

Da die Wirklichkeiten von Menschen vielschichtiger sind als die Vorstellungen, die man sich davon machen kann, und da eine Wissenschaft vom Menschen nicht ohne Vorstellungen auskommen kann, stellt sich das Problem, wie man mit den verschiedenen Vorstellungen vom Menschen am besten etwas über seine Wirklichkeit herausfinden kann. Dieses Problem ist schwer zu handhaben, und in der Psychologie gibt es zwei gegensätzliche Versuchungen, um dieses Problem auszuschalten: Den **Reduktionismus** und den **Eklektizismus**. Diese zwei grundsätzlichen Versuchungen und die Möglichkeit der **Reflexivität**, wissenschaftliche Vorstellungen mit der Wirklichkeit ins Verhältnis zu bringen, werden im nächsten Kapitel dargestellt.

1.4 Wissenschaftliche Vorstellungen und Interesse an der Wirklichkeit

Ein Beispiel: Die Frage, warum bei großen Fußballspielen so häufig geschlägert wird, ist vielschichtig. Je nach Menschenbild werden dabei unterschiedliche Erklärungen herauskommen. Vom psychoanalytischen Menschenbild aus gesehen wäre die Frage zu untersuchen, welche unbewußten Bedürfnisse bei den Schlägereien befriedigt werden, warum für dieselben Bedürfnisse in der gesellschaftlichen Normalität häufig so wenig Raum ist und welchen Einfluß dabei das Bad in der Masse Tausender anderer Fußballfans hat. Kognitivistisch gesehen wäre interessant zu untersuchen, was die Fans von sich und von den gegenerischen Fans denken, welche Spannungen im Kopf dabei entstehen und welche Überzeugungen durch das Verprügeln von gegnerischen Fans gestützt werden. Unter behavioristischen Gesichtspunkten ist von Interesse, wie das Verhalten »Schlägern« von den Fans erlernt und durch was es im Stadion dann ausgelöst wird. Von einem biologistischen Menschenbild ausgehend, wäre insbesondere die Wirkung von Alkohol auf die Hemmschwelle interessant.

Jede hier geschilderte Perspektive auf das Phänomen »Gewalt im Fußballstadion« trägt einen Teil dazu bei, es genauer zu verstehen. Aber eben nur einen Teil – es wäre beispielsweise absurd, die Gewaltphänomene in den Fußballstadien hochindustrialisierter Gesellschaften lediglich auf die cerebrale Wirkung von Alkohol zurückzuführen. In diesem Fall spricht man vom sogenannten **Reduktionismus** oder von einer »verkürzten Sichtweise«. Damit ist gemeint, daß ein Teilaspekt des untersuchten Gegenstands für zu wichtig genommen wird und andere wichtige Ursachen aus dem Blickfeld geraten. In anderen Worten: Die Betrachtungsweise ist einseitig. Die Komplexität des zu erforschenden Phänomens wird reduziert, und man kommt so zu keinem sinnvollen Ergebnis. Im geschilderten Beispiel wäre es ein biologistischer Reduktionismus (oder auch »Biologismus« genannt), da allein die biologische Seite des Phänomens (Wirkung von Alkohol auf das Gehirn) alles erklären soll.

Eine Möglichkeit, um ein psychisches Phänomen nicht zu einseitig zu erklären, ist die, alle denkbaren Sichtweisen nebeneinanderzustellen. Man erhält dann eine Palette unterschiedlicher Erklärungen. Dagegen ist an sich noch nichts einzuwenden. Das Problem ist aber die Frage, welche Farben der Palette man auswählt, um ein aussagekräftiges Bild zu malen. Zunächst kann man sich bemühen, möglichst viele unterschiedliche Farben auf's Papier zu bringen. Das nennt man in der Wissenschaft **Eklektizismus**. Der Haken ist hier, daß das Bild zwar bunt, aber auch beliebig wird. Ein bißchen Biologie hier, ein bißchen Wahrnehmungspsychologie da und zum Schluß noch ein Tupfer Psychoanalyse. Nimmt man theoretisch alle Farbschattierungen, die es gibt, so wird jedes Bild anders sein. Dies kann ein interessantes Spiel sein, und man gewinnt viele Erklärungen – aber in Wahrheit wissen wir immer noch nicht, warum beim Fußballspiel oft zahlreiche Verletzte auf dem Pflaster liegen bleiben.

Sicher ist, daß es nicht nur eine Erklärung gibt, die verschiedenen Erklärungen sind aber auch unterschiedlich wichtig. Um rauszufinden, welche wichtig ist, hilft die umgekehrte Fragestellung: »Warum will ich überhaupt etwas über die Gewaltausbrüche in den Fußballstadien wissen?« Wird diese umgekehrte Frage an die ForscherInnen in den Forschungsprozeß mit aufgenommen, so spricht man von **Reflexivität**. WissenschaftlerInnen forschen ja nicht einfach so, sondern weil sie etwas bestimmtes damit erreichen wollen. Auch wenn ein einzelner Psychologe sagt, er forsche nur »just for fun« oder um Karriere zu machen, so kann die Frage nach dem **Zweck der Forschung** an die Auftraggeber des Forschungsauftrags weitergereicht werden. Entgegen dem weitverbreiteten Irrtum, es gäbe eine wertfreie Wissenschaft, ist die Produktion wissenschaftlicher Erkenntnisse immer mit gesellschaftlichen Interessen verbunden.

Die **Komplexität der menschlichen Psyche** kann, wie gezeigt wurde, nicht in einem Guß und aus einem einzigen Blickwinkel erfaßt, sondern nur verstanden und erforscht werden, indem man **unterschiedliche Seiten der Psyche** mit **unterschiedlichen Sichtweisen** und **unterschiedlichen Forschungsinteressen** in Betracht zieht. Eine einzige, verallgemeinernde Sichtweise führt dabei in der Regel zu einseitigen Bildern der Psyche, und ein unüberlegtes Mischmasch aus Sichtweisen führt zur Beliebigkeit der Bilder. Wird allerdings das Forschungsinteresse bewußt im Forschungsprozeß berücksichtigt, können aus den verschiedenen Sichtweisen die sinnvollsten ausgewählt werden.

Entsprechend den unterschiedlichen Seiten der Psyche, den unterschiedlichen Sichtweisen der PsychologInnen und den unterschiedlichen Forschungsinteressen kann man die Psychologie als Landschaft
sehen, die aus verschiedenen Forschungsgegenständen, Forschungsmethoden und Anwendungsmöglichkeiten besteht. Die Regionen dieser Landschaft werden im nächsten Abschnitt auf einer »Landkarte«
skizziert.

1.5   Die psychologische Landschaft

1.5.1   Einführung

Die verschiedenen Gebiete der Psychologie nennt man auch **Teildisziplinen**, und die »meistbesuchten Gebiete« bzw. die zentralen Teildisziplinen der Psychologie sollen hier nur ganz kurz und später etwas genauer vorgestellt werden. Bei dem folgenden Überblick über die verschiedenen Gebiete der Psychologie muß beachtet werden, daß sich
die meisten Gebiete **deutlich überschneiden**, auch wenn sie auf der
»Landkarte« getrennt aufgezeichnet werden.

Die **klassische Landkarte** der Psychologie besteht aus drei Breichen,
oder anders formuliert, aus drei zentralen Gegenständen: **Denken,
Wollen** und **Fühlen**. In moderneren Begriffen spricht man von **Kognition**, **Motivation** und **Emotion**. Selbstverständlich hängen diese drei
Aspekte der Psyche und damit diese drei Bereiche der Psychologie zusammen. Weiterhin ist die vorgenommene Dreigliederung der Psyche
nur eine theoretische. In Wirklichkeit ist die Psyche natürlich nicht
feinsäuberlich in drei Bereiche getrennt. So wie bei den Menschenbildern handelt es sich bei der theoretischen Einteilung der Psyche in
Denken, Wollen und Fühlen um wissenschaftliche Vorstellungen, die
immer weniger komplex sind als die Wirklichkeit selbst.

Im Laufe der Geschichte der Psychologie wurde nun die »klassische
Landkarte« verfeinert und es wurden neue Gegenstände hinzugenom-
men. Die verfeinerten Bereiche »Denken, Wollen und Fühlen« faßt
man mittlerweile unter dem Begriff *Allgemeine Psychologie* zusammen. Hinzu kamen die großen Gebiete

▶ *Persönlichkeitspsychologie*

▶ *Biologische Grundlagen*

▶ *Entwicklungspsychologie*

▶ *Sozialpsychologie*

Die genannten Teildisziplinen werden auch als **Grundlagenfächer** bezeichnet und hauptsächlich im Grundstudium der Psychologie behandelt. Zusätzlich zu den Grundlagenfächern gibt es das große Feld **anwendungsbezogener Fächer**. Die zentralen davon sind

▶ *Psychologische Diagnostik*

▶ *Klinische Psychologie*

▶ *Wirtschaftspsychologie*

▶ *Pädagogische Psychologie*

▶ *angewandte Sozialpsychologie*

Darüber hinaus gibt es noch eine ganze Menge an weiteren anwendungsbezogenen Fächern, die allerdings nur vereinzelt an den Universitäten gelehrt werden. Um ein paar zu nennen: *Verkehrspsychologie, Sportpsychologie, Medienpsychologie, Kunstpsychologie, Umweltpsychologie, Forensische Psychologie* usw. Extra aufgeführt werden muß das Fach *Schulpsychologie*. Es ist auch ein zentrales Anwendungsgebiet der Psychologie, wird aber in der Regel von LehramtsstudentInnen oder LehrerInnen als Zusatzfach studiert.

Bisher noch nicht genannt wurde das vermutlich in der Öffentlichkeit bekannteste Gebiet der Psychologie: Die *Psychoanalyse*. Dies liegt daran, daß sie am schwierigsten in der psychologischen Landschaft einzuordnen ist. Sie zeichnet sich durch einen speziellen Gegenstand und eine spezielle Methode gegenüber den anderen psychologischen Fächern aus: das Unbewußte und die sogenannte tiefenhermeneutische Methode (vgl. Abschn. 1.5.3 und 3.1). Sie ist zum einen Grundlagenwissenschaft und kann in fast allen Grundlagenfächern auftauchen. Zum anderen ist sie auch eine anwendungsbezogene Disziplin. So gibt es beispielsweise eine psychoanalytische Entwicklungslehre, eine psychoanlytische Persönlichkeitspsychologie und eine psychoanalytische Sozialforschung.

Ein weiteres und ganz wichtiges Gebiet der Psychologie ist die *Methodenlehre*. Methoden sind die Wege zur Erkenntnis, und auf diesen Wegen stellen sich vielfältige Probleme. Es geht also um die Frage, wie überhaupt etwas über die Psyche herauszufinden ist. Werden methodische Fehler begangen oder für einen bestimmten Gegenstand falsche Methoden ausgewählt, dann sind die gewonnen Erkenntnisse wertlos und führen auf den Holzweg. Aus diesen Gründen wird im Psychologiestudium auf das Erlernen von Methoden mit den dazugehörenden

Problemstellungen sehr viel Wert gelegt. Die Methoden sollten dabei möglichst nicht nur gelernt und eingeübt werden, sondern auch im Hinblick auf unterschiedliche psychologische Fragestellungen verstanden werden. Von daher sind *wissenschaftstheoretische Grundlagen* für ein fundiertes Psychologiestudium von großer Bedeutung. Auf dieser Basis wird ersichtlich, wie psychologische Vorstellungen aufgebaut und verwendet werden können. Die am meisten verwendete Methodenrichtung in der Psychologie ist die *experimentelle Psychologie*. Wie der Name schon sagt, geht es um Experimente, und dabei kommt eine Menge an Zahlen heraus, die ausgewertet werden wollen. Die Auswertung geschieht in der Regel nach Kriterien der Wahrscheinlichkeitsrechnung, und von daher ist das Fach *Statistik* im Grundstudium ein unumgänglicher Baustein. Werden psychologische Untersuchungen so aufgebaut, daß Zahlen herauskommen und ausgewertet werden können, spricht man allgemein von *quantitativen Methoden*. Kommen keine Zahlen heraus und muß das Forschungsmaterial anderweitig interpretiert werden, spricht man von *qualitativen Methoden*.

1.5.2 Eine Landkarte von vielen

Nun zur »Landkarte«: Wie gesagt, die folgende Einteilung darf man nicht streng nehmen, da sich alle Teildisziplinen der Psychologie immer überlappen und die hier dargestellte Systematik nur eine von vielen möglichen ist.

Der **Methodenlehre** und der **Psychoanalyse** wurden Symbole zugewiesen – *Sonne und Mond*. Die Sonne paßt zur Methodenlehre, weil sie in alle Teilbereiche hineinstrahlt. Die Psychoanalyse paßt zum Mond aus mehreren Gründen. Zunächst formal, um kennzuzeichnen, daß sie sehr schwierig einzuordnen ist, dann, weil die Psychoanalyse als einzige psychologische Disziplin einen fundierten Begriff des Unbewußten hat. Im weiteren steht sie dadurch in einem speziellen Verhältnis zur Methodenlehre. Einerseits wird sie in der akademischen Szene häufig gerade aus methodischen Erwägungen heraus disqualifiziert, da sie im Prinzip keine berechenbaren Ergebnisse liefert. Und andererseits stellt sie die effektivste Methode bereit, was den oben geschilderten Anspruch der Reflexivität (vgl. Abschn. 1.4) betrifft. Damit kann sie wissenschaftliche Bereiche erschließen, an die die Wissenschaft mit Zahlen nicht herankommen kann.

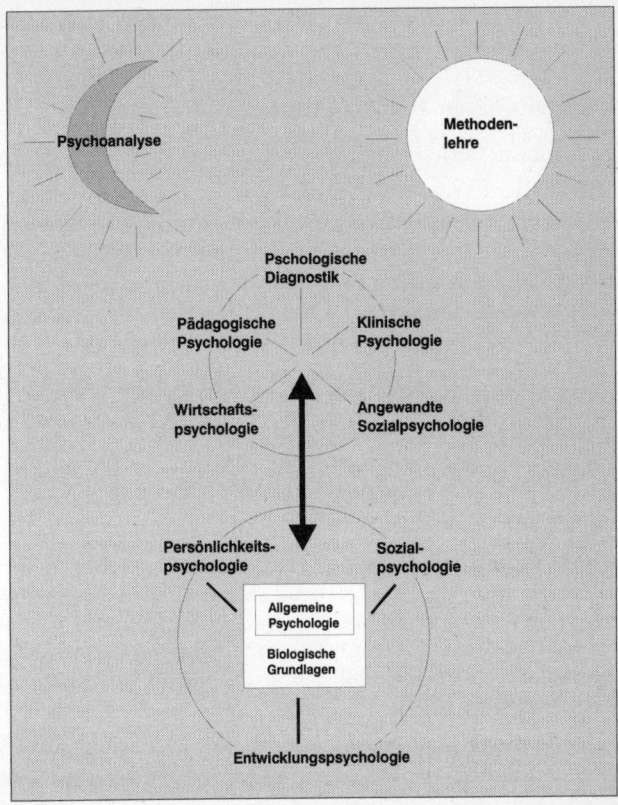

Bei den **Grundlagenfächern** steht die Allgemeine Psychologie auf dem Hintergrund der Biologischen Grundlagen im Zentrum. Dies soll verdeutlichen, daß die Biologischen Grundlagen den größten Bezug zur Allgemeinen Psychologie haben und daß die Allgemeine Psychologie in den Grundlagenfächern die zentralste Rolle spielt. Sie enthält die »klassischen psychologischen Bausteine«.

Bei den **anwendungsbezogenen Fächern** läßt sich keine Teildisziplin ins Zentrum rücken. Sie bilden zusammen ein Geflecht, das einerseits mit Erkenntnissen aus den Grundlagenfächern und andererseits mit den Forschungsergebnissen aus den einzelnen anwendungsbezogenen Gebieten »gespeist« wird. Die Ergebnisse aus den anwendungsbezogenen Teildisziplinen können dabei auch wiederum für die Grundlagenforschung von Interesse sein.

1.5.3 Die zentralen Teildisziplinen im Überblick

Im folgenden werden kurz die Gegenstände der einzelnen Teildisziplinen vorgestellt.

Methodenlehre: Die Methodenlehre befaßt sich mit den Möglichkeiten und Schwierigkeiten, wissenschaftliche Erkenntnisse zu gewinnen. Die wichtigsten Fächer in der Psychologie sind dabei: Wissenschaftstheoretische Grundlagen, Quantitative Methoden (Experimentelle Psychologie, Statistik) und Qualitative Methoden.

Psychoanalyse: Die Psychoanalyse, oft auch »Tiefenpsychologie« genannt, zeichnet sich durch den Begriff des Unbewußten aus, das im Zusammenhang mit den sozialen Beziehungen des Individuums verstanden wird. Sie arbeitet mit einer Methode, bei der Einfühlung eine zentrale Rolle spielt. Anwendung findet sie hauptsächlich in der Psychotherapie und in der Sozialforschung.

Biologische Grundlagen: Als biologische Grundlagen des menschlichen Erlebens und Verhaltens gelten im wesentlichen zwei Bereiche: Vererbung und physiologische Prozesse. Im Zentrum des Interesses steht dabei das Nervensystem – insbesondere das Gehirn. Im Studium werden die biologischen Grundlagen in zwei Fächern vermittelt: Humangenetik und Physiologie.

Allgemeine Psychologie: Die Allgemeine Psychologie versucht herauszufinden, was bei allen Menschen grundlegend für ihr Erleben und Verhalten ist. Sie beschäftigt sich dabei mit folgenden Gegenständen, die als die »verfeinerten klassischen Bausteine« der Psychologie gesehen werden können: Wahrnehmung, Bewußtsein, Denken, Gedächtnis, Lernen, Motivation, Emotion.

Persönlichkeitspsychologie: Die Persönlichkeitspsychologie beschäftigt sich mit der Verschiedenheit von Menschen. »Persönlichkeit« gilt als der Begriff für die Einzigartigkeit jedes Menschen, und die Persönlichkeitspsychologie entwickelt Modelle, mit denen man »Persönlichkeit« begreifen und untersuchen kann.

Entwicklungspsychologie: Die Entwicklungspsychologie erforscht, wie der Name schon sagt, die menschliche Entwicklung. Zum einen unterscheidet sie bestimmte Lebensphasen und beobachtet, welche grundlegenden Veränderungen der Mensch dabei durchmacht. Zum anderen unterscheidet sie bestimmte Funktionsbereiche wie z. B. Problemlösen oder Sprechen und erforscht die Entstehung dieser psychischen Funktionen.

Sozialpsychologie: Die Sozialpsychologie betrachtet das Zusammenleben von Menschen und dessen Bedeutung für die individuelle Psyche. Das, was zwischen den Menschen passiert, und die damit zusammenhängenden psychischen Prozesse bilden den Gegenstand der Sozialpsychologie. Dabei können einzelne Beziehungen, sogenannte Interaktionen, Prozesse in Gruppen und gesellschaftliche Verhältnisse in Betracht gezogen werden.

Psychologische Diagnostik: In der psychologischen Diagnostik werden Verfahren erarbeitet und angewendet, um psychologische Merkmale feststellen zu können. Das heißt, es geht um die Erfassung individuell verschiedener Eigenschaften, Fähigkeiten, Verhaltensweisen, Persönlichkeitsstrukturen und Erlebensweisen. Intelligenztests gehören z. B. zu den meistverwendeten psycho-diagnostischen Mitteln.

Klinische Psychologie: Die Klinische Psychologie befaßt sich mit der Erforschung psychischen Leidens und mit der Entwicklung sowie Überprüfung psychotherapeutischer Verfahren. Dabei gibt es ganz unterschiedliche Richtungen, wie psychisches Leiden begriffen werden kann, und dementsprechend verschiedene Richtungen der Klinischen Psychologie.

Wirtschaftspsychologie: Die Wirtschaftspsychologie befaßt sich mit allen psychischen Bereichen, die für die Verfolgung wirtschaftlicher Ziele und die Verbesserung von Arbeitsbedingungen von Interesse sein können.

Pädagogische Psychologie: Die Pädagogische Psychologie beschäftigt sich mit der psychologischen Seite von pädagogischen Prozessen. Sie vereint dabei die für pädagogische Fragestellungen brauchbaren Erkenntnisse und Forschungsmethoden der einzelnen psychologischen Teildisziplinen.

Angewandte Sozialpsychologie: Die angewandte Sozialpsychologie entwickelt Konzepte, um damit in soziale Prozesse eingreifen zu können.

2. Methodenlehre oder »Wie funktioniert die Psychologie?«

2.1 Wissenschaftstheoretische Grundlagen

In der Psychologie gibt es **verschiedene Wege**, wie man Erkenntnisse über die Wirklichkeit der Psyche gewinnen kann. In den vorangehenden Abschnitten wurde gezeigt, daß es bereits schwierig zu sagen ist, was denn die Psyche überhaupt sei, und daß es verschiedene Vorstellungen von der Psyche gibt. Doch trotz der Unausweichlichkeit, mit Vorstellungen arbeiten zu müssen, bleibt die Frage bestehen, wie die psychische Wirklichkeit aussieht, um die es schließlich geht. Diese Frage führt nun zu einer noch grundlegenderen Frage, mit der wir das Feld der Wissenschaftstheorie betreten: **Was ist Wirklichkeit?** Im Alltag kümmern wir uns in der Regel nicht um diese Frage, weil wir schon genug damit beschäftigt sind, mit ihr zurechtzukommen, und weil sie einfach »da« ist. Aber in der Wissenschaft müssen wir uns erst mal darüber einigen, was wir darunter verstehen können, um nicht aneinander vorbeizureden. Dann müssen wir uns überlegen, wie wir mehr als das, was wir sehen, über die Wirklichkeit herausfinden können. Die Klärung der Fragen, was Wirklichkeit sei und wie sich Wissenschaftler und Wissenschaftlerinnen diesem Ziel »Wirklichkeit« annähern, ist die Aufgabe der Wissenschaftstheorie. Sie ist gewissermaßen die Wissenschaft von der Wissenschaft.

2.1.1 Wie wirklich ist die Wirklichkeit?

Die Frage nach der **Wirklichkeit der Wirklichkeit** ist eine philosophische, und es gibt viele Antworten darauf. Grob können sie in drei große Bündel von Vorstellungen – sogenannte **Paradigmata** – gegliedert werden:

- *Das ontologische Paradigma*: Ontologie ist die Lehre vom Sein. Die Wirklichkeit »ist« einfach, und zwar unabhängig von den Menschen. Wirklichkeit gibt es so, wie es z. B. früher die Götter der Griechen gab. Keiner wäre auf die Idee gekommen, zu sagen, die Götter seien von den Menschen erfunden – zumindest hätte ihn niemand ernst genommen.

- *Das subjektivistische oder bewußtseinsphilosophische Paradigma*: Wirklichkeit ist subjektiv, das heißt, sie ist abhängig vom einzelnen

Menschen, der sie gewissermaßen erschafft. Heutzutage liegt dieses Paradigma dem zugrunde, was man den »radikalen Konstruktivismus« nennt.

▶ *Das kommunikative, sprach- oder sozialphilosophische Paradigma*: Wirklichkeit wird von den Menschen hergestellt – allerdings nicht einzeln, sondern gemeinsam. Man spricht hier von einer »gesellschaftlichen Konstruktion der Wirklichkeit«, bzw. vom »sozialen Konstruktivismus«. Durch die Gesellschaft, in der wir leben, entsteht die Wirklichkeit. Psychologisch gesehen wird sie uns dabei nicht übergestülpt, sondern dadurch, daß wir uns von Geburt an in die Gesellschaft seelisch »einbauen«, nehmen wir teil an der Wirklichkeit, und es ist unmöglich, dem auszuweichen.

Eine andere philosophische Grobeinteilung der Wirklichkeitsvorstellungen ist die in **Idealismus und Materialismus**. Hier geht es um den Zusammenhang zwischen »Sein« und »Bewußtsein«. Zwei berühmte Philosophen vertraten dazu gegenteilige Ansichten: Der Idealist HEGEL sah im Bewußtsein den Motor des Seins, und vom Materialisten MARX stammt der Spruch: »Das Sein bestimmt das Bewußtsein.«

▶ *Idealismus*: Die Psyche ist Bewußtsein, und dessen geistige Gebilde sind die Eckpfeiler der Wirklichkeit. Das menschliche Bewußtsein ist absolut frei und souveräner Bauherr seiner Erlebnisse.

▶ *Materialismus*: Die Psyche besteht aus Bewußtsein und Unbewußtem und ist abhängig von materiellen Bedingungen. Mit »Materie« können dabei zwei Dinge gemeint sein. Im sogenannten »Vulgärmaterialismus« ist die Psyche lediglich ein Effekt chemisch-physikalischer Prozesse, und »Materie« ist bildlich gesprochen Feuer, Wasser, Erde und Luft. Im sogenannten »historischen Materialismus« besteht die »Materie« aus den sich geschichtlich entwickelnden gesellschaftlichen Verhältnissen.

An die Frage nach dem Zusammenhang zwischen »Sein« und »Bewußtsein« schließt sich die Frage nach der **Freiheit des Menschen** an. Im oben geschilderten Idealismus ist die Antwort klar: Der Mensch ist absolut frei. Im Materialismus ist die Antwort allerdings nicht mehr so leicht. Wenn gesellschaftliche Verhältnisse die Psyche bestimmen, wo ist dann noch die Freiheit?

2.1.2 Bedingtheit der Psyche und Freiheit des Menschen

Nimmt man die materialistische Perspektive starr ein, dann landet man bei einem psychologischen Schreckgespenst, das »**Determinismus**« heißt. Wir wären so gesehen nichts anderes als Rädchen in einem vorherbestimmten Plan und bilden uns nur ein, frei zu sein. Eigentlich bräuchten wir dann auch gar keine Psychologie mehr betreiben, weil streng genommen eh' alles so kommt, wie es kommen muß. Auch wenn die Freiheit des Menschen letztendlich nicht »wasserdicht« beweisbar ist, so läßt sich der Determinismus doch ad absurdum führen. Es gibt viele Beispiele für die menschliche Freiheit, gegen die der Determinismus sich nur halten kann, wenn er sich in immer abstrusere Überlegungen versteigt. Das heißt, daß der Determinismus genauso wenig beweisbar ist wie die Freiheit, und wir ohne wissenschaftlich schlechtes Gewissen die menschliche Freiheit voraussetzen dürfen. Mit »Freiheit« ist hier allerdings nur eine grundsätzliche philosophisch gesehene Freiheit des Menschen angesprochen, die man **metaphysische Freiheit** nennt. Doch obwohl wir keine vorherbestimmten Roboter-Wesen sind, gibt es Grenzen unserer wirklichen Freiheit, die **gesellschaftliche Bedingungen** genannt werden. Sitze ich beispielsweise im Gefängnis eines unterdrückerischen Staates, weil ich öffentlich gegen Ungerechtigkeiten protestiert habe, so wird sich meine Freude über die philosophische Erkenntnis meiner metaphysischen Freiheit in Grenzen halten. Sicherlich, letztendlich kann ich frei entscheiden, meine Gefährten zu verraten oder mir selbst das Leben zu nehmen. Doch trotz dieser Freiheiten würde sich mein psychisches Erleben anders gestalten, wenn ich im Kreise meiner Freunde eine Party feiern könnte. Die gesellschaftlichen Bedingungen sind von grundlegender Bedeutung für psychisches Erleben – von Beginn des Lebens an.

Zusammenfassend läßt sich sagen, daß zwischen der grundsätzlichen Freiheit des Menschen und der gesellschaftlichen Bedingtheit der Psyche kein logischer Widerspruch besteht. Vielmehr bestehen hier praktische, reale Widersprüche. Und diese realen Widersprüche machen gerade einen besonders interessanten Gegenstand der Psychologie aus.

Die hier geschilderten Überlegungen zur Wirklichkeit und Freiheit des Menschen bilden die Voraussetzungen zu weiteren Überlegungen, wie **Erkenntnis** über die menschliche Wirklichkeit möglich ist. Von erkenntnisphilosophischen Überlegungen ausgehend gilt es dann, sich an die Arbeit zu machen, und dafür braucht es Werkzeuge.

2.1.3 Wissenschaftliche Werkzeuge

Um wissenschaftlich ans Werk zu gehen, braucht man erst einmal etwas, mit dem man sich beschäftigen will: Den sogenannten **Gegenstand**. Schlägereien beim Fußballspiel können beispielsweise wissenschaftliche Gegenstände sein.

Im nächsten Schritt beginnt eine der grundlegendsten wissenschaftlichen Tätigkeiten: die **Abstraktion**. Schlägereien während und nach Fußballspielen gibt es viele, und jede sieht anders aus. Da es nicht möglich ist, jede einzelne Schlägerei zu untersuchen, muß man verallgemeinern und einen gemeinsamen Aspekt in der Vielfalt herausarbeiten. Dafür gebraucht man das elementarste wissenschaftliche Werkzeug: den **Begriff**. Ein Begriff ist, wie der Name schon sagt, dafür da, etwas zu greifen – zu begreifen. Ein Begriff, der jede Schlägerei begreift ist »Gewalt«. Weiter kann man beobachten, daß die Gewalttätigkeiten beim Fußballspiel stark mit Gefühlen verbunden sind, und fragen, was in den Tätern vorgeht. Jeder hat natürlich individuelle Gefühle, aber man benötigt wiederum einen Begriff, der die Vielfalt der individuellen Erlebensweisen beim Verprügeln der gegnerischen Fans auf einen Nenner bringt. In diesem Fall gibt es den psychologischen Begriff »Aggression«. Das Beispiel zeigt, daß »Aggression« nicht etwas ist, was es an sich gibt, sondern daß es sich hier um eine Verallgemeinerung bestimmter unterschiedlicher Erlebens- und Verhaltensweisen handelt, in denen man Gemeinsamkeiten beobachtet – eben ein Begriff. Begriffe sind nicht die Realität selbst, da sie auf der Verallgemeinerung konkret verschiedener Ereignisse beruhen, aber sie sind unverzichtbare geistige und sprachliche Werkzeuge, um die Realität zu begreifen – und um uns darüber zu verständigen.

In der Wissenschaft nimmt man es nun mit der Bedeutung von Begriffen besonders genau. Was ist z. B. »Aggression«? Um nicht unzählige Beispiele aufzählen zu müssen, braucht man eine allgemeine Antwort, die man **Definition** nennt. Und davon gibt es mehrere: Aggression kann beispielsweise als angeborener Trieb, als eine Reaktion auf Frustration oder als erlerntes Verhalten verstanden werden. Dies sind die gängigsten psychologischen Definitionen der Aggression. Sie hängen immer von der Art und Weise ab, wie die als »Aggression« bezeichneten Phänomene betrachtet werden.

Bei der wissenschaftlichen Betrachtung hat man stets eine Brille auf der Nase, die jeweils bestimmt, was man sieht. Diese Brillen nennt man *Theorien*, und je nachdem, wie die Brillen geschliffen sind, kann man unterschiedliche Dinge sehen. »Theorie« kommt vom griechischen Wort für »Schauen«. Dies verdeutlicht, daß die Anwendung einer Theorie zum Begreifen der Wirklichkeit da ist und nicht – wie ein Kochrezept – zum Herstellen eines Sachverhalts. Trotzdem wird jede Praxis, auch die alltägliche Sicht der Dinge, durch Theorie bestimmt, da ohne Brille nichts begreifbar ist, auch wenn man sie auf der Nase nicht spürt.

Zurück zum Beispiel: Mit den Theorien und Definitionen zu dem Phänomen, das »Aggression« genannt wird, kann man nach Gründen für die Gewalt im Fußballstadion suchen. Dafür brauchen wir eine Vorstellung davon, wie Aggression zustande kommt und funktioniert – ein **Modell** der Agression. Ähnlich wie beim anschaulichen Modellbau wird in der Psychologie versucht, die komplexe Wirklichkeit der Psyche mit einfacheren Mitteln nachzubauen, um Aufschluß über grundlegende Funktionszusammenhänge zu erhalten. Je nach Modell lassen sich dann verschiedene Schlußfolgerungen ziehen – beispielsweise hinsichtlich der Frage, ob der Konsum von Gewaltszenen im Fernsehen Aggression abbaue oder verstärke. Im sogenannten Trieb-Modell erscheint Aggression als eine sich aufstauende Kraft, die nach Entladung strebt. So gesehen baut die Betrachtung von Gewalt im Fernsehen Aggression ab und macht friedlicher. Im Lern-Modell schaut es ganz anders aus: Durch die Betrachtung von Gewaltszenen wird aggressives Verhalten gelernt und damit eine Voraussetzung für die Ausschreitungen im Fußballstadion geschaffen. Das Beispiel zeigt sehr deutlich, daß ein Modell eben nicht die Wirklichkeit selbst ist.

Der Unterschied zwischen Modellen und Wirklichkeit ist ein zentrales Problem in der Wissenschaft überhaupt. Ein Modell ist nicht die Wirklichkeit selbst, aber es soll die Wirklichkeit so abbilden, daß man Erkenntnisse über die Wirklichkeit gewinnt. Das Modell muß zur Wirklichkeit passen, damit man sagen kann, es sei »adäquat«. Das Modell muß also in ein sinnvolles Verhältnis zur anvisierten Wirklichkeit gesetzt werden, und dafür gibt es verschiedene Methoden. In den Sozialwissenschaften und in der Psychologie speziell gibt *es vier grundlegende Vorgehensweisen*, um sich der Wirklichkeit anzunähern:

(1) Die Phänomenologie: Sie ist die sogenannte »Lehre von den Erscheinungen«. Das heißt, die Phänomenologie schaut die Dinge so an, wie sie sich zeigen und gibt den Gedanken auf, es gäbe eine von der menschlichen Wahrnehmung unabhängige Welt – Wahrnehmung, bzw. Bewußtsein und Wirklichkeit sind eins. Wissenschaftliche Wahrheit sucht die Phänomenologie, indem sie versucht, möglichst alle Annahmen über die Wirklichkeit, die man hat, zur Seite zu schieben und so zum unverfälschten Kern, bzw. zum sogenannten »Wesen« der Wirklichkeit vorzudringen. Alles, was schon bekannt ist, wird gewissermaßen in Klammern gesetzt und der Blick auf das, was dann übrigbleibt, nennt man »phänomenologische Wesensschau«.

(2) Die Dialektik: Sie ist die Lehre von den Widersprüchen. Da, wo die strenge Logik nicht mehr weiterkommt, sobald unauflösliche Widersprüche auftauchen, fängt die Dialektik erst richtig an. Vor allem zum Verständnis realer Widersprüche, wie sie z. B. zwischen den Interessen des Individuums und denen der Gesellschaft bestehen, ist sie geeignet. Die Dialektik spiegelt reale Widersprüche in der Theorie wider, indem widersprüchliche Begriffe oder Aussagen gegeneinander gesetzt werden. Die Methode, Begriffe in widersprüchliche Verhältnisse zu setzen, hat den Vorteil, daß damit über bestehende Grenzen hinausgedacht werden kann. Denn die bestehenden Begriffe können nicht mehr begreifen als das, was man bereits denkt. Dabei besteht die Gefahr, die Vielfalt der Wirklichkeit zu vergewaltigen, da Begriffe die konkreten Unterschiede, die es gibt, unter einen Nenner bringen und somit im Denken einebnen. Da wir aber nicht ohne Begriffe denken können, müssen wir sie benutzen. Die dialektische Methode lockert nun das Denken, indem sie die bestehenden Begriffe widersprüchlich gegeneinandersetzt und somit neuen Ideen Raum verschafft.

Dialektische Erkenntnis kann man sich gewissermaßen als Funken vorstellen, der aus der Reibung zwischen begrifflichen Gegensätzen entsteht.

(3) Die Hermeneutik: Sie ist die Kunst des Interpretierens. Wie bei einem Text wird hier versucht, die Wahrheit aus der Wirklichkeit herauszulesen. Es geht also weniger um die Feststellung von Tatsachen, als vielmehr um die Deutung von verborgenen Sinngehalten – es geht also um Be-deutung. Das Ziel der Hermeneutik ist weniger die Erklärung von Sachverhalten in »Wenn-dann-Kategorien«, sondern das Verstehen von Zusammenhängen. Am besten ist diese Methode vielleicht zu begreifen, wenn man an den Ursprung des Wortes »Hermeneutik« denkt. Es kommt von dem griechischen Gott Hermes, der dafür zuständig war, die Botschaften der Götter an die Menschen zu überbringen.

Die Hermeneutik spielt vor allem in den später dargestellten qualitativen Methoden der Psychologie eine zentrale Rolle.

(4) Der Positivismus: Der Positivismus will nicht verstehen, er will Erklärungen und Resultate. Hier geht es um harte Fakten, deren Kenntnis dazu dient, berechenbare Vorhersagen über die Wirklichkeit machen zu können. Es geht um »Positives«, was heißt, daß Eindeutiges, Zweifelloses, Tatsächliches gesucht wird. Philosophische Überlegungen sind dabei nutzlos und zu vernachlässigen. Das heißt, die Modelle der Wirklichkeit müssen so beschaffen sein, daß man damit in Zahlen etwas messen kann. Nur die Erkenntnisse, die durch Überprüfung kontrolliert werden können, sind gewinnbringend. Der Positivismus ist die wissenschaftliche Methode, die den technologischen Fortschritt möglich gemacht hat, und die bevorzugte Denkrichtung der Naturwissenschaften. Auch in der Psychologie ist der Positivismus die gebräuchlichste Methode, da sich die damit gewonnenen Ergebnisse am besten berechnen lassen. Die im Anschluß erläuterten quantitativen Methoden beruhen auf dem positivistischen Denkstil.

Allen diesen Methoden ist gemeinsam, daß sie immer von etwas ausgehen müssen, das nicht mehr weiter begründet werden kann. Nehme ich beispielsweise die Definition von Aggression, die besagt, daß Aggression eine Reaktion auf Frustration sei, und frage weiter danach, wie Frustration zustande kommt, benötige ich etwas Feststehendes, auf dem ich meine Erklärung aufbauen kann. Ich kann sagen, daß Frustration dadurch entsteht, daß im Denken etwas nicht mehr zusammenpaßt – z. B. wenn ein Fan glaubt, daß sein Verein immer der beste ist, aber erleben mußte, wie er dennoch 4:0 verloren hat. Psychologisch nennt man dieses Phänomen »kognitive Dissonanz«. Warum frustriert den Fan nun dieses Erlebnis »kognitiver Dissonanz« so schmerzlich, daß er gewalttätig wird? Ich kann dann sagen, daß das aggressive Verhalten hilft, diesen kognitiven Spannungszustand aufzulösen, weil er sich dann wieder überlegen fühlen kann. Nächste Frage: Warum muß die Spannung im Denken aufgelöst werden? Antwort: Weil Widersprüche im Kopf nicht auszuhalten sind. Warum können sie nicht ausgehalten werden? Antwort: Weil das so ist. Hier bin ich nun an der Wurzel meiner Argumentation angelangt. Die Notwendigkeit, daß kognitive Dissonanzen aufgelöst werden müssen, steht einfach fest. Diese Aussage nennt man in der Wissenschaft eine **Prämisse**. Prämissen sind die Basis jeden wissenschaftlichen Gebäudes, die Voraussetzungen in jeder Argumentation; sie sind das, was nicht mehr weiter hinterfragt wird. Das bedeutet aber noch lange nicht, daß eine Prämisse immer stimmt. Doch wie dem auch sei, eine Prämisse benötigt man immer, und wenn sie nicht mehr haltbar ist, muß sie verändert werden – oder man nimmt gleich eine andere. Unzählige Prämissen wurden in der Wissenschaft schon aufgegeben und durch andere ersetzt.

Auf der Basis einer Prämisse können nun sogenannte **Thesen** und **Hypothesen** aufgestellt werden. Eine These ist eine Aussage, die wie ein Bild zum Nachdenken und Verstehen verwendet werden kann. Eine Hypothese dagegen will auch genau überprüft werden. Sie ist eine Aussage, die man in den Raum stellt, ohne bereits genau zu wissen, ob sie zutrifft. Beispielsweise ist die Aussage, daß der psychische Impuls für die Gewalttätigkeiten im Fußballstadion auf kognitiven Dissonanzen beruht, eine Hypothese. Die Aussage, daß bei den Schlägereien Aggressionen, die durch Frustrationen am Arbeitsplatz entstanden sind, abreagiert werden, ist eine andere Hypothese, ebenso wie die Aussage, daß es sich hier um die Befriedigung eines ganz natürlichen Bedürfnisses zur Gewalt handle..

Die letztere (erfundene) Hypothese zeigt besonders deutlich, daß es auch wissenschaftliche Holzwege gibt. Die Aufstellung von Hypothesen und der Umgang damit bilden eine zentrale Arbeit in der Wissenschaft. Grundsätzlich versucht man, sie möglichst exakt zu formulieren, und schaut dann, ob sie stimmen. Dafür gibt es wiederum verschiedene Methoden. Man kann nach Beweisen *für* eine Hypothese suchen – das nennt man **verifizieren**. Oder man kann nach Beweisen *gegen* die Hypothese suchen – das nennt man **falsifizieren**. Gibt es einen Gegenbeweis, dann muß die Hypothese verändert oder aufgegeben werden. Um Beweise oder Gegenbeweise für Hypothesen zu finden, müssen konkrete Erfahrungen in der Wirklichkeit gemacht werden. Den Bereich der Wissenschaft, in dem es um Beobachtungen und Erfahrungen geht, nennt man **Empirie**.

In den nächsten zwei Abschnitten soll nun gezeigt werden, wie in der Psychologie versucht wird, die wissenschaftlichen Dampfer auf Kurs zu halten, welche Häfen auf den verschiedenen Kursen angesteuert werden können und welche Reiseerfahrungen unterwegs möglich sind.

2.2   Quantitative Methoden

2.2.1 Was heißt »quantitativ« in der Psychologie?

»Quantitativ« heißen die nachfolgenden Methoden deshalb, weil mit ihnen etwas in Zahlen gemessen und verglichen werden kann. Sicherlich stellt sich hier sofort die Frage, wie denn die Psyche oder die Seele meßbar sein kann. An sich ist die Psyche auch nicht meßbar, aber bestimmte Teilbereiche und Vorstellungen davon schon. Messen lassen sich beispielsweise der Blutdruck als Zeichen für Aufregung, die Anzahl bestimmter Kreuze auf einem Fragebogen und unzähliges mehr. Grob unterteilt man dabei die Untersuchungen in solche, die psychische Phänomene messen, die bereits vorhanden sind, und solche, bei denen man in psychische Abläufe gezielt eingreift, um zu schauen, was dann passiert. Ersteres wären z. B. Meinungsumfragen, letzteres nennt man *psychologisches Experiment*. In beiden Bereichen werden die Untersuchungen so aufgebaut, daß man Daten erhält, die sich berechnen, vergleichen, auswerten, zusammenfassen und interpretieren lassen. Die entsprechenden Vorgänge und worauf man dabei achten muß, werden im Fach **experimentelle Psychologie** gelehrt. Nicht nur das Wissen, wie man Experimente aufbaut, sondern auch alle grundsätzlichen Vorgehensweisen bei quantitativen Untersuchungen fallen in dieses Fach. Hierbei muß allerdings gesagt werden, daß die Arbeit mit Experimenten auch den breitesten Forschungszweig in der Psychologie darstellt. Im Experiment wird in den Untersuchungsgegenstand eingegriffen. Das heißt, es wird gezielt an bestimmten Bedingungen des Erlebens und Verhaltens manipuliert, um zu beobachten, was sich dadurch verändert – oder auch nicht. Z. B. kann die Verabreichung eines »psychedelischen« Stoffs ein experimenteller Eingriff in die Psyche sein. Zur Auswertung der in Experimenten und allen anderen quantitativen Untersuchungen gewonnenen Daten braucht man nun bestimmte Berechnungsmethoden – und die finden sich im mathematischen Fach **Statistik**. Die bekannten Bilder von Tabellen und Grafiken wären ohne die Anwendung statistischer Berechnungen nicht möglich. Vermutlich denken einige hierbei an den Spruch: »Traue keiner Statistik, die du nicht selbst gefälscht hast«. Das hier angesprochene Mißtrauen ist berechtigt, da im Aufbau der statistischen Berechnungen und der zuvor durchgeführten Datenerhebungen so manche eklatante Fehler gemacht werden können. Natürlich sind damit keine einfachen Rechenfehler gemeint – dafür gibt es Computer mit ausgefeilten Programmen. Hier geht es vor allem um Fehler in der Beobachtung psychischer Phänomene, Fehler in der Datenerstellung und Fehler in der Wahl entsprechender Berechnungsmethoden – also insgesamt Fehler in der *Konzeption* der ganzen Untersuchung. Auf das Erlernen dieser Materie wird im Studium deshalb viel Wert gelegt. Zugegebenermaßen sind die Fächer experimentelle Psychologie und Statistik für Nicht-Mathematik-Freaks ziemlich trocken. Allerdings muß man darin auch kein Meister werden, wenn man nicht vorhat, später in diesem Bereich der Forschung zu arbeiten. Vielmehr besteht der Sinn dieses Studienfaches darin, zu wissen, wie quantitative psychologische Forschung funktioniert. Nur dann kann man die *Reichweite von Untersuchungsergebnissen*, die einem im Studium und in der späteren Arbeit zahlreich begegnen werden, kritisch beurteilen.

Experimentelle Psychologie muß nicht zwangsläufig langweilig sein, weil darin so viele Zahlen vorkommen. Auch für mathematisch weniger Interessierte kann sie spannend sein, da die Gestaltung von Experimenten auch kreativ ist. Nicht selten kann im Hörsaal herzlich gelacht werden, wenn so manche psychologischen Experimente erklärt werden. Gewissen Experimenten liegt ein großer Einfallsreichtum zugrunde, der zeigt, daß die ForscherInnen recht verspielte Leute sein können.

2.2.2 Im psychologischen Hyperspace

Mit der Metapher »psychologischer Hyperspace« sollen hier exemplarisch einige Begrifflichkeiten der quantitativen Psychologie in anschaulicher Form vorgestellt werden. Zunächst folgt ein erfundener Dialog zwischen zwei Personen A und B:

A: Verdammt, die Gütekriterien unserer Untersuchung bleiben weiter unter dem Limit. Der Validitätskoeffizient kommt nicht einmal über 0.3, da nützt uns der hohe Korrelationskoeffizient von 0.9 auch nichts.

B: Wie konnte das passieren? Haben Sie den Versuchsleitereffekt nicht ausgeschaltet?

A: Doch sicherlich haben wir das. Aber die Meßwerte zeigen unter den gegeben Umständen keinerlei Signifikanz. Vielleicht sollten wir unsere Hypothese begraben und mit einer neuen die Datenerhebung wiederholen.

B: Das geht nicht. Die nächsten Forschungsgelder für so ein aufwendiges Verfahren bekommen wir frühestens in einem halben Jahr.

B: Habe verstanden – am Forschungsdesign und den Operationalisierungen der Variablen können wir also nichts mehr ändern. Ich checke die Konstruktvalidierung noch einmal durch und versuche die Items den Dimensionen anders zuzuordnen. Außerdem lasse ich mir einen Termin bei unserem Statistiker geben.

B: Sehr gut. Wir sollten die Faktorenanalyse unter veränderten Voraussetzungen noch einmal durchführen. Wie hoch laden denn die Variablen 2,5 und 8 auf den Faktor D sowie Faktor E?

A: Also, Moment mal ... .

B: Ja, ich sehe schon, das sieht nach Kraut und Rüben aus. Sind denn die Faktoren überhaupt schon in die Einfachstruktur rotiert worden?

A: Haben wir schon gemacht. Schärfer kriegen wir's nicht hin.

B: Also, wir schmeißen Faktor C raus und fassen die Primärfaktoren G und F zu dem Sekundärfaktor Y zusammen. Dann rotieren Sie noch einmal und passen die Clusteranalyse entsprechend an!

A: Sieht gut aus. Jetzt können wir sogar orthogonal rotieren und haben die Faktoren unabhängig voneinander. Sieh an, der Validitätskoeffizient kommt nun in den akzeptablen Bereich.

B: Signifikanz?

A: Kann man nicht gerade behaupten.

B: Nun gut, dann müssen wir wohl doch die Hypothese verwerfen. Interessant, wer hätte das gedacht. Schicken Sie mir den Ergebnisbericht, ich kümmere mich dann um die Interpretation der Ergebnisse. Ich schätze, unsere Kollegen werden auch staunen, wenn die Publikation erschienen ist. Außerdem schwebt mir schon eine spannende Folgestudie vor. Auf Wiedersehen.

Der Dialog fand nicht zwischen Commander Data und Chefingeneur Lafourche auf dem Raumschiff Enterprise statt, sondern könnte aus einem Telefongespräch zwischen dem Leiter eines psychologischen Forschungsprojekts und einem seiner Assistenten stammen. Oh Gott, werden jetzt vermutlich einige potentielle StudentInnen der Psychologie stöhnen, wo bin ich hier gelandet. Begriffe wie »Konstruktvalidität«, »Faktorenladung«, »Korrelationsmatrix« etc. segeln einem um die Ohren. Doch man muß vor der Fülle an mathematischen Fremdwörtern nicht in Erfurcht erstarren, schließlich handelt es sich dabei nicht um Zauberei. Alles ist logisch aufgebaut. Dabei müssen die Studierenden die mathematischen Raffinessen nicht bis ins letzte Detail nachvollziehen können. Es genügt, die wesentlichen Prinzipien und Regeln der quantitativen Forschungsmethoden zu begreifen. Die Mathematik und die technischen Begrifflichkeiten in diesem Bereich der Psychologie sind nur Hilfsmittel. Letztendlich entscheidet immer noch der psychologische Sachverstand und Einfallsreichtum der ForscherInnen.

Die Anforderung an mathematische Fähigkeiten hält sich bei den Prüfungen in Grenzen. Allerdings sind nicht selten Studierende der Psychologie in extremem Maße spinnefeind mit der Mathematik und bekommen Panikgefühle, wenn auf ihren Skripten mathematische Formeln auftauchen. Der daraus entstehende Leidensdruck hat schon so manche am Sinn des Studiums zweifeln lassen. In diesem Fall empfiehlt es sich, mit anderen Leidensgenossen Arbeitsgruppen zu bilden und nicht an den eigenen Fähigkeiten zum logischen Denken zu zweifeln. Also nicht abschrecken lassen, die Prüfungen gehen vorbei, und niemand muß Mathematiker oder Mathematikerin werden.

Im oben geführten Dialog wurden nur abstrakte methodische Begrifflichkeiten verwendet. Im nächsten Abschnitt soll veranschaulicht werden, wie psychologische Gegenstände mit Begriffen der quantitativen Psychologie erfaßt werden. Dabei wird deutlich, daß mathematisches Know-how ein Hilfsmittel und psychologische Kreativität die Basis ist.

2.2.3 Konstruieren und Messen psychologischer Gegenstände

Beginnen wir als Beispiel mit einer erfundenen Frage:

Eignen sich musikalische Menschen besodnders gut für einen sozialen Beruf?

Zunächst muß diese Frage in eine **Hypothese** umgewandelt werden, die es dann zu untersuchen gilt:

Musikalische Menschen eignen sich besonders gut für einen sozialen Beruf.

Was immer man von dieser Hypothese spontan halten mag, so ist von Anfang an klar, daß sie – wenn überhaupt – niemals für alle gleichermaßen zutreffen kann. Es geht vielmehr um ein Phänomen, daß nicht immer, aber vielleicht auffällig oft vorkommt. Wenn man die Untersuchung nur bei einem Menschen durchführen würde, bekäme man ganz bestimmt kein zuverlässiges Ergebnis. Also müssen viele Menschen – sogenannte **Versuchspersonen** – in Betracht gezogen werden. Die Menge der Versuchspersonen nennt man **Population**. Wie finde ich als experimenteller Psychologe nun meine Population? Da ich nicht alle Menschen untersuchen kann, muß eine **Stichprobe** genügen. Ich muß mir dabei überlegen, wie ich diese Teilmenge zusammenstelle. Nehme ich beispielsweise nur Studierende des Fachs »Musikpädagogik« oder die Besucher eines von der Caritas veranstalteten Liederabends, kann ich mir eigentlich vorher schon denken, daß sich ein deutlicher Zusammenhang zwischen Musikalität und Eignung für einen sozialen Beruf zeigen wird. Gehe ich auf ein Musik-Festival der Hells Angels, erhalte ich unter Umständen einen gegenteiligen Zusammenhang. In diesen Fällen würde die Wahl der Stichprobe das allgemeine Untersuchungsergebnis verzerren. Am sichersten vor solchen Verzerrungen kann ich sein, wenn die Versuchspopulation zufällig zusammengewürfelt ist – wenn ich eine **Zufallsstichprobe** nehme.

Bevor ich nun mit dem Messen beginnen kann, ist allerdings noch eine Menge zu tun. Ich muß meine Forschungsgegenstände bestimmen. Was meine ich überhaupt mit »Musikalität« und »Eignung für einen sozialen Beruf«? Wenden wir uns zunächst der »Musikalität« zu: Gibt es überhaupt so etwas wie »Musikalität«, und wenn ja, was kann man sich darunter vorstellen? Ich muß als Psychologe klar bestimmen, was »Musikalität« in meiner Untersuchung ausmacht. Musikalität ist kein Ding, das ich einfach so betrachten kann. Vielmehr bezeichne ich damit *eine bestimmte Menge an Erlebens- und Verhaltensweisen.* Weil »Musikalität« psychologisch gesehen also eine Vorstellung bzw. eine Bezeichnung für eine Menge verschiedener psychischer Merkmale ist, kann ich nicht einfach voraussetzen, daß jeder darunter das gleiche versteht. Außerdem kann ich »Musikalität« nicht an sich messen, da sie aus vielen verschiedenen psychischen Merkmalen besteht. »Musikalität« muß ich somit für meine Untersuchung erst mal aus einzelnen Vorstellungen und Merkmalen *zusammenbauen* – ich muß sie wissenschaftlich zunächst einmal konstruieren, um sie dann messen zu können. So gesehen ist »Musikalität« sozusagen eine gedankliche Erfindung. Deswegen sagt man in der Psychologie, »Musikalität« sei ein **hypothetisches Konstrukt** – genauso wie die »Eignung für einen sozialen Beruf«. Die ganze experimentelle Psychologie kreist um solche hypothetischen Konstrukte. Sie sind geistige Gebäude, die begrifflich bestimmte Erscheinungen der Wirklichkeit zusammenhalten. Sie sind abstrakt – nicht an sich vorfindbar in der Realität. Vorfindbar sind einzelne konkrete Phänomene, die man dann als »Musikalität« oder »Eignung für einen sozialen Beruf« bezeichnen kann. Und zu diesen konkreten Phänomenen muß ich mich in meiner Untersuchung vorarbeiten.

In meiner Untersuchung zur Frage, ob musikalische Menschen besonders geeignet für einen sozialen Beruf seien, gibt es also erst mal nur zwei grobe, noch nicht näher bestimmte Gedankengebäude. Und ich möchte wissen, ob zwischen diesen zwei Konstrukten ein Zusammenhang besteht.

Den möglichen Zusammenhang, auf den ich hier aus bin, darf man nicht falsch verstehen: Es handelt sich nicht um einen »Wenn-dann«-Zusammenhang. Es geht um *keinen kausalen Zusammenhang*. Vielmehr besteht der mögliche Zusammenhang eventuell darin, daß eine starke Musikalität mit einer besonders großen Eignung für einen sozialen Beruf *einhergeht* – warum auch immer. Diese Art von Zusammenhang nennt man in der Psychologie eine **Korrelation** – das Schlüsselwort in quantitativen Methoden. Eine Korrelation ist ein Beziehung, bei der zwei Sachverhalte etwas miteinander zu tun haben, ohne daß der eine Grund für den anderen sein muß.

Ein einfaches Beispiel für eine Korrelation: Ab November wächst allen Hauskatzen ein deutlich dickeres Fell, und gleichzeitig steigen in allen Haushalten die Heizkosten. Hier besteht eine Korrelation zwischen Felldicke der Katzen und Höhe der Heizkostenrechnungen. Absurd zu glauben, daß den Katzen das Fell wegen der höheren Heizkosten wächst. Die Ursache für beide Phänomene liegt vielmehr in der Tatsache, daß es Winter wird.

In der Psychologie lassen sich leider nicht so leicht gemeinsame Ursachen für korrelative Phänomene finden. Aber auch ohne die Kenntnis von Ursachen ist es in der Psychologie schon ein Erfolg, »nur« Korrelationen herauszufinden. Eine Korrelation kann nun mit einem Zahlenwert ganz genau dargestellt werden. Den Wert nennt man **Korrelationskoeffizient r**; er bewegt sich zwischen -1 und +1. -1 bezeichnet eine vollständig negative (gegenteilige) Korrelation und +1 eine vollständig positive. Eine Korrelation mit dem Wert 0 ist auch etwas ganz besonderes: Hier gibt es überhaupt keinen Zusammenhang – nicht mal den geringsten.

Im Beipiel unserer Untersuchung über den Zusammenhang zwischen Musikalität und Eignung für einen sozialen Beruf soll also am Schluß ein Korrelationskoeffizient herauskommen, der unsere Ausgangsfrage mit einem exakten Wert beantwortet.

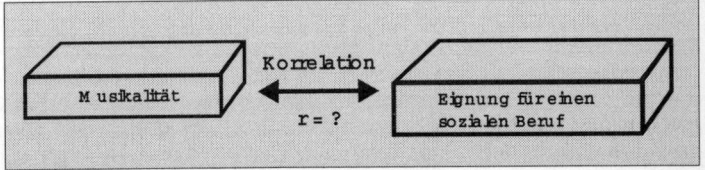

Um einen Zusammenhang zwischen den zwei hypothetischen Konstrukten messen zu können, brauche ich Werte, die jeweils das Außmaß an »Musikalität« und »Eignung für einen sozialen Beruf« darstellen. Direkt sind die abstrakten hypothetischen Konstrukte jedoch nicht meßbar, da ich noch gar nichts Greifbares habe. Zunächt muß ich die hypothetischen Konstrukte zerlegen. Ich muß gewissermaßen deren Bauplan aufzeichnen und festlegen, was ich unter »Musikalität« und »Eignung für einen sozialen Beruf« verstehe. Ich kann sagen: »Musikalität« bestehe aus den drei Aspekten *Wichtigkeit von Musik, auditive Auffassungsgabe, Ohr-Motorik-Koordination* – »Eignung für einen sozialen Beruf« bestehe aus den drei Aspekten *Helfen wollen, Einfühlungsvermögen* und *psychische Belastbarkeit*. Hiermit habe ich meine hypothetischen Konstrukte jeweils in drei **Dimensionen**, in eine Art Raster zerlegt.

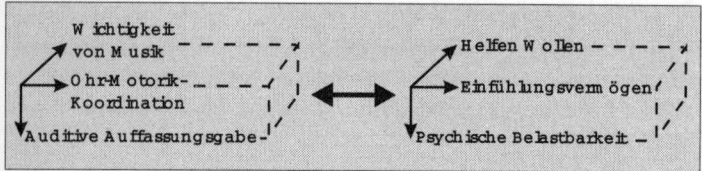

Die Dimensionen werden ebenfalls wiederum zerlegt und mit Inhalt gefüllt: Z. B. kann ich davon ausgehen, daß sich die Dimension »auditives Auffassungsvermögen« in den Fähigkeiten *Rhythmusgefühl, Differenziertes Hören* und *Wiedererkennen akustischer Reize* zeigt. Diese bereits genaueren Bestimmungen von »Musikalität« nennt man **Variablen**. Ich kann damit aber immer noch nichts messen. Wer sich noch an Mathematik in der Schule erinnert, weiß, daß Variablen Platzhalter sind, die erst in konkreten Situationen Zahlenwerte annehmen. Damit ich Zahlenwerte für meine Variablen feststellen kann, benötige ich also beobachtbare Ereignisse. Ich muß konkrete Beispiele für meine Variablen finden. Die Festlegung bestimmter sichtbarer Ereignisse als Repräsentanten für bestimmte Variablen nennt man **Operationalisierung** – etwas Abstraktes wird in etwas konkret Beobachtbares verwandelt. Die Operationalisierung von Variablen ist eine der kreativsten Hauptaufgaben in der quantitativen Psychologie. Und diese Aufgabe ist nicht so leicht. Welche klar beobachtbaren und meßbaren Ereignisse lassen beispielsweise auf »Rhythmusgefühl« schließen? Schauen wir uns eine mögliche Operationalisierung der Variablen »Rhythmusgefühl« an: Die Versuchspersonen sollen zwei Minuten lang den Rhythmus eines Liedes nachklatschen und *jeder Verklatscher*

wird gezählt. Nun kann es sein, daß der Versuchsleiter selbst falsch im Rhythmus mitwippt oder bei jedem Patzer das Gesicht verzieht. Es ist leicht vorstellbar, daß er damit die Versuchperson nervös macht, verärgert und durcheinanderbringt. Hier hätten wir ein klassisches Beispiel des sogenannten **Versuchsleitereffekts**. Das Ergebnis sagt dann eventuell mehr über den Versuchsleiter aus als über die Versuchsperson. In diesem Fall wäre das Gütekriterium der Untersuchung nicht erfüllt, das man **Validität** nennt. Valide ist eine Untersuchung dann, wenn die Ergebnisse auch wirklich Aufschluß über die zu messende Variable geben.

Den Versuchsleitereffekt könnte man hier ausschalten, indem man beispielsweise die Versuchspersonen im Labor mit Video aufnimmt. Die absolut neutrale Kamera beobachtet dann die Versuchspersonen. Nun ist aber zu überlegen, ob die ganzen künstlichen Umstände der Untersuchung vielleicht für viele Versuchspersonen furchtbar langweilig sind. Auch das würde das Ergebnis verzerren, da die Versuchspersonen unter diesen Umständen kein Gefühl für den Rhythmus entwickeln. Was tun? Eine sogenannte **Feldstudie** umgeht den langweilenden oder nervös machenden **Laboreffekt**. Die PsychologInnen könnten sich unauffällig den Versuchspersonen in die Disco hinterherschleichen und sie beim Tanzen filmen. Die Auswertung dürfte dann aber wieder Probleme bereiten. Z. B. können arhythmische Bewegungen in dieser Situation daher kommen, daß die Versuchsperson mit ihren Gedanken ganz wo anders ist. Außerdem müßte die momentane Stimmung der Tanzenden mitberücksichtigt werden. Bloß, wie ist die meßbar? Vielleicht durch einen Fragebogen, der nach dem Tanzen verteilt wird? Die weiteren Schwierigkeiten sind hier der Phantasie der Leser überlassen.

Ein andere Verzerrung von Untersuchungsergebnissen kann durch das kommen, was man **soziale Erwünschtheit** nennt. Nehmen wir beispielsweise die Dimension »Helfen wollen« zur Erfassung der Eignung für einen sozialen Beruf. Eine Variable könnte hier die *Einstellung gegenüber sozial Benachteiligten* sein. Die Operationalisierung dieser Variablen könnte durch einen Fragebogen erfolgen. Mit Fragen wie z. B.: *Glauben Sie, daß Obdachlose ein Recht auf Unterstützung haben?* Wahrscheinlich antwortet hier jeder mit »ja«. Aber wieviele denken wirklich so und sagen nicht einfach nur deswegen »ja«, weil sich das so gehört? An manchen Stammtischen kann man nicht selten auch ganz andere Statements hören. Wieviele sagen also im Fragebogen »ja«, um lediglich eine sozial erwünschte Antwort zu geben? Es gibt Tricks, mit

denen dieser Effekt in den Griff zu kriegen ist. Man streut in den Fragebogen ein paar Fragen, auf die bestimmte Antworten eindeutig sozial
erwünscht sind, an die sich aber in der Praxis so gut wie niemand hält.
Z. B.: *Wenn Sie im Hausflur einen 20-Mark-Schein finden, klingeln Sie
bei Ihren Nachbarn, um zu fragen, wer ihn verloren hat?* Das macht fast
niemand. Wird hier aber mit »ja« angekreuzt, kann man davon ausgehen, daß die Versuchsperson mit sozialer Erwünschtheit antwortet und
die Ergebnisse unbrauchbar sind.

Unter Ausschaltung bzw. Minimierung all der geschilderten Verzer-
rungseffekte können wir in der Untersuchung des Zusammenhangs
zwischen Musikalität und Eignung für einen sozialen Beruf nun eine
Menge an Variablen messen. Die Werte werden anschließend so miteinander verrechnet, daß am Schluß für jede Versuchsperson ein Wert
für »Musikalität« und »Eignung für einen sozialen Beruf« heraus-
kommt. Die Erklärung, wie man die Werte genau ausrechnet, würde
hier zu weit führen. Aber wie gesagt, im Studium lernt man die dazu
erforderlichen Grundprinzipien, und die notwendigen mathematischen Formeln sehen schlimmer aus, als sie sind.

Um Verwirrungen vorzubeugen: In unserem Fall sind die hypothetischen Konstrukte »Musikalität« und »Eignung für einen sozialen Beruf« nun zu Variablen geworden. Und zwar deshalb, weil es nun Zahlenwerte für diese Größen gibt. Alles, wofür es Meßwerte gibt, sind Variablen. Ich hätte sie auch gleich als Variablen begreifen können, dann
aber auf die feinen Differenzierungen verzichten müssen. Z. B. so: Der
Wert der Variablen »Musikalität« hänge davon ab, wieviele CDs die
Versuchsperson daheim stehen hat. Ob damit die psychische Fähigkeit »Musikalität« befriedigend erfaßt werden kann, ist natürlich zu
bezweifeln.

Wie dem auch sei, wir gelangen auf dem dargestellten Weg zu Zahlen-
werten der Variablen »Musikalität« und »Eignung für einen sozialen
Beruf«. Nehmen wir einmal an, wir haben für 10 Versuchspersonen die
Werte bestimmt. Danach müssen die Werte verglichen und ins Verhältnis gesetzt werden, denn wir wollen wissen, wie stark der Zusammenhang ist. Ab einer bestimmten Stärke des Zusammenhangs sagt
man in der Psychologie, der Zusammenhang sei **signifikant**. Die Hypothese gilt dann als bestätigt.

Was ist ein »starker Zusammenhang« ? Mit dieser Frage und den daraus folgenden Begriffen wie »Signifikanz« oder »Korrelation« betreten
wir das Feld der **Statistik**. Im nächsten Abschnitt wird ein kleiner Aus-

flug in diese mathematische Disziplin der quantitativen Psychologie unternommen.

2.2.4 Statistik – Ghost in the machine

Ein »ghost in the machine« ist die Statistik in der Psychologie deshalb, weil PsychologInnen nicht selbst an den ausgefeilten mathematischen Berechnungsmethoden feilen. Sie verwenden dafür Computerprogramme. Allerdings müssen sie sich so weit in Statistik auskennen, daß sie beurteilen können, welches Programm für ihre Untersuchungen geeignet ist. Für verzwickte statistische Probleme und Detailfragen werden Mathematiker zu Rate gezogen. Manchmal kommt es dabei schon vor, daß die Kritik eines Mathematikers eindrucksvolle psychologische Studien reif für's Altpapier macht. Das Einschalten des Reißwolfs ist dann als »wissenschaftliche Seriosität« einzuordnen.

Statistik ist eine mathematische Disziplin, die sich mit den **Wahrscheinlichkeiten und Verteilungen von Ereignissen** beschäftigt. Sie ist tief mit der Psychologie verwoben – und gar nicht mehr wegzudenken. Im Zentrum steht dabei die Wahrscheinlichkeitsrechnung, die auch unter dem Namen **Stochastik** bekannt ist. Wer in der Schule Mathe-Leistungskurs hatte, ist eigentlich schon mit dem wesentlichen Rüstzeug für das Fach »Statistik« ausgerüstet. Wer Mathe mit Abscheu so schnell wie möglich von sich gestoßen hat, steht natürlich mit entsprechend schlechteren Karten da. Nun ist es aber so, wie schon mehrfach angedeutet wurde, daß im Psychologiestudium normalerweise niemand an diesem Fach scheitern wird. Auch wenn die mathematischen Höhenflüge unter Umständen unbegreiflich bleiben, lassen sich die Prüfungen mit gezielter Vorbereitung machen. Die Strapazen dafür unterscheiden sich allerdings von Uni zu Uni sehr stark. Vom viersemestrigen Dauerbrenner bis zum vergnüglichen Happening im Vorlesungssaal ist hier alles möglich.

Das Ziel einer statistischen Berechnung ist es, die »Stärke« von Zusammenhängen zu bestimmen. Nehmen wir wieder unser Beispiel von oben. Die Menge der Versuchspersonen ist die sogenannte **Grundgesamtheit**, und »Musikalität« bzw. »Eignung für einen sozialen Beruf« sind die zu messenden **Merkmale**. Die Messung muß auf einer brauchbaren **Skala** vorgenommen werden. Eine Skala ist ein Bezugssystem von Zahlen – und davon gibt es unterschiedliche. Die einfachste Skala ist die Nominalskala. Auf ihr gibt es nur zwei verschiedene Werte, die beispielsweise »ja« und »nein«, »männlich« und »weiblich« oder

»links« und »rechts« darstellen können. Für unsere Untersuchung wäre diese Skala zu ungenau. Wir verwenden lieber die Intervallskala: Auf ihr sind auch Abstände, also unterschiedliche Größen darstellbar. Nur einen absoluten Nullpunkt gibt es hier nicht. Aber den brauchen wir sowieso nicht, da niemand 0,0 musikalisch oder sozial sein kann.

Wir wollen wissen, ob die musikalischen Versuchspersonen sich deutlich mehr für einen sozialen Beruf eignen als die nicht musikalischen. Zur Klärung dieser Frage müssen wir herausfinden, ob die Personen mit niedrigen Meßwerten auf der Variable »Musikalität« auch niedrige Meßwerte auf der Variable »Eignung für einen sozialen Beruf« haben und ob bei hohen Meßwerten genauso ein Zusammenhang besteht.

Die folgende Tabelle zeigt, daß sich dies mit Augenmaß nicht herausfinden läßt: Die meisten Versuchspersonen (VPs) haben auf beiden Variablen (X und Y) ganz ähnliche Werte, aber von dieser Regel gibt es auch Ausnahmen. Was tun? Wir müssen **statistische Maße** berechnen.

Vp	x (Musikalität)	y (Eignung für einen sozialen Beruf)
1	2	3
2	3	2
3	1	2
4	9	9
5	8	7
6	6	6
7	5	4
8	4	7
9	8	4
10	5	5

(1) Als erstes benötigen wir die Durchschnittswerte der Variablen X und Y – die sogenannten **arithmetischen Mittel** von X und Y : $\bar{x}$ und $\bar{y}$. Alle Werte der jeweiligen Variablen müssen addiert und dann durch die Anzahl der VPs geteilt werden.

In unserem Beispiel erhalten wir folgende Werte:

$\bar{x}$ = 5.1
$\bar{y}$ = 4.9

(2) Jede Versuchsperson weicht mit ihren Meßwerten mehr oder weniger stark von den Mittelwerten ab, und die Berechnung dieser Streuungen bringt uns weiter. Wir müssen nun die durchschnittliche Abweichung von den Mittelwerten bei X und Y ausrechnen. So erhalten wir für X und Y jeweils die sogenannte **Standardabweichung** s_x und s_y.

In unserem Beispiel erhalten wir folgende Werte:

s_x = 3.95
s_y = 2.21

(3) Läßt man bei der Berechnung der Streuung das Wurzelziehen weg, so erhält man die sogenannte **Varianz** s^2_x bzw s^2_y.

In unserem Beispiel erhalten wir folgende Werte:

$s^2_x = 15.63$
$s^2_y = 4.89$

(4) Bis hierher haben wir die statistischen Maße für X bzw. Y unabhängig voneinander ausgerechnet. Um nun den Zusammenhang zwischen X und Y berechnen zu können, müssen wir ein statistisches Maß bestimmen, in dem X und Y gemeinsam vorkommen: die sogenannte »**Kovarianz**« cov_{xy}. Die Kovarianz gibt Aufschluß darüber, inwieweit eine gleichsinnige Varianz zwischen X und Y besteht – also darüber, wie stark X und Y gewissermaßen im Duett variieren.

In unserem Beispiel erhalten wir folgende Werte:

$cov_{xy} = 5.87$

(5) Durch die Berechnung der Kovarianz sind wir nun schon fast beim Wert für die Stärke des Zusammenhangs zwischen X und Y angelangt. Die Kovarianz zeigt bereits an, wie stark X und Y gemeinsam variieren. Doch viel sagen kann uns dieser Wert an sich noch nicht, da er noch nicht mit anderen Werten vergleichbar ist. Was fehlt, ist so eine Art DIN-Norm. Daher muß noch ein Arbeitsschritt getan werden, der **Standardisierung** heißt. Wir müssen den Wert der Kovarianz in einen Rahmen bringen, in dem kein Wert niedriger als -1 oder größer als +1 sein kann. Dies ist mathematisch kein Problem: Wir müssen lediglich die Kovarianz durch das Produkt der Standardabweichungen s_x und s_y teilen, und kein Wert kann mehr außerhalb des Bereich zwischen -1 und +1 liegen. Das Ziel unserer ganzen Berechnungen – der **Korrelationskoeffizient** r_{xy} – ist nun schnell erreicht.

Wir erhalten in unserem Beispiel folgenden Korrelationskoeffizienten:

$r_{xy} = 0.67$

Eine Korrelation mit dem Wert 0.67 ist relativ hoch. Wir könnten nun annehmen, daß X und Y – »Musikalität« und »Eignung für einen sozialen Beruf« – stark zusammenhängen. Unsere Hypothese scheint bestätigt. Doch so schnell dürfen wir mit dem Rechnen noch nicht aufhören. Schließlich könnte das Ergebnis aus reinem **Zufall** so zustande gekommen sein. Es ist denkbar, daß wir zufällig 10 Versuchspersonen erwischt haben, bei denen der Zusammenhang der Variablen groß ist. Nun kommt die Wahrscheinlichkeitsrechnung ins Spiel. Wie hoch ist die Wahrscheinlichkeit, daß unser Ergebnis Zufall ist? Es würde hier jedoch wiederum zu weit führen, die Berechnung dieser Wahrscheinlichkeit durchzuführen. Lediglich das Prinzip wird kurz erläutert: Die Möglichkeit, daß wir unsere Hypothese bestätigt sehen, obwohl alles zufällig zustandekam, nennt man **Fehler 1. Art** – die Hypothese wird angenommen, obwohl sie in Wahrheit falsch ist. Gänzlich ist dieser Fehler nie auszuschließen, doch wir können uns darüber einigen, welche Wahrscheinlichkeit wir für diesen Fehler in Kauf nehmen. Wir müssen vor der Berechnung der Fehlerwahrscheinlichkeit ein sogenanntes **Signifikanzniveau** festlegen. Wir können uns beispielsweise so festlegen, daß wir sagen: Wenn die Zufallswahrscheinlichkeit für unser Ergebnis (der Fehler 1. Art) kleiner als 5% ist, dann können wir guten Gewissens behaupten, daß unser Ergebnis bedeutsam ist. »Bedeutsam« heißt, wir akzeptieren das Ergebnis als zutreffend, obwohl wir nicht hundertprozentig, sondern nur 95prozentig sicher sein können. Man sagt dann: Das Ergebnis ist auf dem 5%-Niveau signifikant. »Signifikanz« ist ein Schlüsselwort der quantitativen Psychologie. Es bezeichnet die Feststellung, daß ein Untersuchungsergebnis nicht mit absoluter Sicherheit, aber mit an Sicherheit grenzender Wahrscheinlichkeit der Wahrheit entspricht. Das Testen unserer Hypothese durch Berechnung der Fehlerwahrscheinlichkeit nennt man »Signifikanztest«. Im Studium lernt man das Know-how, um mit Hilfe von mathematischen Tabellen und Formeln Signifikanztests durchzuführen.

Die Bestimmung von Korrelationen und das Testen von Hypothesen (Signifikanztest) sind die zentralen Arbeitsschritte quantitativer Psychologie. Darüber hinaus gibt es noch eine Vielzahl von anderen Verfahren, die im Studium mehr oder weniger stark vertieft werden. Sie sind ausführlich in Lehrbüchern beschrieben. Allen gemeinsam ist das Prinzip, die Beobachtung psychischer Phänomene auf eine mathematische Ebene zu heben, auf der sie nach den Regeln der Logik verglichen werden können. Nun ist es so, daß die Logik alle Inhalte gleich behandelt. Damit aber nur die Inhalte behandelt werden, die auch erforscht werden sollen, müssen die in die statistischen Berechnungen eingespeisten Daten so unverfälscht wie nur möglich sein. Vor allem bei der Durchführung von Experimenten müssen die ForscherInnen da aufpassen. Im nächsten Abschnitt wird gezeigt, was unter der »Unverfälschtheit« von Daten in psychologischen Experimenten verstanden wird.

2.2.5 Experimente – oder der Kampf gegen die Störfaktoren

Wie schon erwähnt, wird bei psychologischen Experimenten auf das Verhalten und Erleben gezielt eingewirkt, um zu sehen, was dann passiert. Von Interesse ist dabei, ob diese Einwirkung signifikante Folgen nach sich zieht. Die Frage ist also, ob dadurch eine Veränderung im Verhalten und Erleben entsteht und ob diese Veränderung mit einer gewissen Regelmäßigkeit eintritt. Beim Experimentieren geht es immer um den Zusammenhang dreier Variablen: Die Variable vor der Einwirkung, die Einwirkung selbst und die Variable nach der Einwirkung. Die erste Variable nennt man **unabhängige Variable (UV)** und die letzte **abhängige Variable (AV)**. Die Einwirkung dazwischen nennt man **intervenierende Variable** oder **Treatment**.

Ein Beispiel: Wir wollen untersuchen, ob das Tragen einer Sonnenbrille die Konzentrationsfähigkeit beim Autofahren steigert. Die Konzentrationsfähigkeit ohne Sonnenbrille wäre die UV und die Konzentrationsfähigkeit mit Sonnenbrille die AV. Das Tragen der Sonnenbrille ist das Treatment (intervenierende Variable). Durch eine geschickte Operationalisierung können wir die Konzentrationsfähigkeit ohne und mit Tragen der Sonnenbrille messen. Stellen wir fest, daß mit Sonnenbrille die Meßwerte für Konzentrationsfähigkeit weitgehend unverändert bleiben, könnten wir voreilig meinen, daß das Tragen von Sonnenbrillen keinen Einfluß hat. Doch Vorsicht: Wenn die Messung mit Sonnenbrille gleich nach der ersten Messung ohne Sonnenbrille erfolgt, sind die Fahrer schließlich schon müde geworden. Die einsetzende Müdigkeit wirkt sich auch auf die Meßwerte der AV aus – doch die wollen wir eigentlich gar nicht messen. Die Müdigkeit ist somit ein Störfaktor in unserem Experiment und verfälscht das Ergebnis. Sie muß ausgeschaltet werden. Das ist nicht schwer: Die Fahrer müssen einfach an zwei verschiedenen Tagen fahren. Doch was tun, wenn an einem Tag die Sonne scheint und es am anderen regnet? Es muß also immer gleiches Wetter sein. Was ist, wenn der Verkehr an einem Tag stärker ist? Dann können wir die Messung auch vergessen. Die Liste an möglichen Störfaktoren ließe sich hier beliebig fortsetzen, und alle müßten eliminiert werden. Nur das Tragen der Sonnenbrille –

das Treatment – soll auf die AV einwirken, sonst nichts. Es wäre zu überlegen, ob man die Sraße verläßt und besser ins Labor geht, wo ein Simulator wartet. Dort lassen sich Störfaktoren am besten auschalten – bis auf einen: die Laborsituation selbst. Es ist denkbar, daß die Versuchspersonen im Labor ganz anders reagieren als auf der Straße. Im Simulator kommen sich die Versuchpersonen mit Sonnenbrille auf der Nase vielleicht etwas albern vor und sind durch dieses Gefühl in ihrer Konzentrationsfähigkeit beeinträchtigt. Man sieht, die Forscher-Innen haben es nicht leicht. Wirken zu viele Störfaktoren in das Experiment hinein, so wird nicht mehr das gemessen, was gemessen werden soll. Man sagt dann, die Untersuchung ist nicht valide. Validität ist ein sogenanntes »Gütekriterium« für das Experiment und kann auch mit einem Koeffizienten gemessen werden. Nur wenn der Validitätskoeffizient hoch genug ist, sind die Ergebnisse des Experiments brauchbar. Wichtig ist zu wissen, daß es eine ganze **Checkliste an Gütekriterien** gibt, mit der Störfaktoren aufgespürt werden können. Hält die Untersuchung dem Gütekriterien-Check nicht stand, dann ist sie unbrauchbar.

Der erste Schritt, um Störfaktoren auf die Schliche zu kommen, ist der, daß man bei einem Experiment immer mit doppeltem Boden arbeitet. Damit ist gemeint, daß eine zweite Gruppe an Versuchpersonen untersucht wird, bei der man das Treatment wegläßt: die sogenannte **Kontrollgruppe**. Die Kontrollgruppe muß in unserem Beispiel auch zweimal ihre Konzentrationsfähigkeit unter Beweis stellen, aber beide Male ohne Sonnenbrille. Weichen nun die Ergebnisse der Kontrollgruppe im zweiten Durchlauf von denen im ersten auffällig ab, dann stimmt was nicht. Wieso tritt eine Veränderung der AV ein, obwohl es kein Treatment gab? Da können nur Störfaktoren am Werk sein. Und bevor diese nicht ausgeschalten sind, ist jede auffällige Veränderung der AV auch bei der Gruppe mit Treatment ohne Wert.

Zwei der am häufigsten und auch am schwierigsten in den Griff zu bekommenden Störfaktoren – man spricht auch von »systematischen, nicht-zufälligen Fehlern« – sollen kurz genannt werden:

‣ Der **Versuchsleitereinfluß**, bzw. **Rosenthal-Effekt**: Die Versuchsperson ist beeinflußt durch Gefühle gegenüber dem Versuchsleiter. Z. B. durch dessen Art, das Experiment zu erklären, durch seine Anweisungen, durch seine Laune, durch seine Ausstrahlung etc. Oder der Versuchsleiter beeinflußt die Versuchsperson, indem er schon bestimmte Erwartungen von dem Ergebnis hat – unter Umständen ohne dies zu bemerken.

❱ Der **Versuchspersoneneinfluß** bzw. **Hawthorne-Effekt**: Die Versuchpersonen verhalten sich anders als sonst, weil sie wissen, daß sie an einem psychologischen Experiment teilnehmen. Z. B., indem sie sich mehr Mühe als sonst geben oder möglichen Erwartungen des Versuchsleiters gerecht werden wollen.

Um diesen beiden möglichen Arten von systematischen Fehlern nicht auf den Leim zu gehen, verwendet man z. B. häufig die sogenannte **Doppel-Blind-Versuch-Methode**: Doppel-Blind-Versuche kommen vor allem bei der Erforschung von Medikamenten zur Anwendung. Eine Kontrollgruppe bekommt hier ohne ihr Wissen nur ein Placebo-Medikament (»blind«). Und in einer anderen Kontrollgruppe weiß selbst der Versuchsleiter nicht, ob er ein Placebo oder ein echtes Medikament verabreicht (»doppel-blind«).

Der Kampf gegen die Störfaktoren in der experimentellen Psychologie ist eine schwierige und problematische Sache. Je mehr alle möglichen Störfaktoren ausgeschaltet werden, desto unrealistischer kann die Untersuchungssituation werden. Je mehr sich die Untersuchungssituation am wirklichen Leben orientiert, desto mehr Störfaktoren können ins Spiel kommen. Mit ausgefeilten Untersuchungsplänen – sogenannten **experimental designs** – manövrieren die experimentellen PsychologInnen deshalb zwischen Eisbergen hindurch, an denen die Aussagekraft ihrer Experimente auflaufen könnte.

Eine andere Möglichkeit der psychologischen Forschung, die geschilderten Eisberge zu umschiffen, besteht nun darin, die Gewässer der quantitativen Psychologie zu verlassen. Mit dem Verzicht auf mathematisch exakte Überprüfung wird ein anderes methodisches Gebiet befahren. Berechenbare Ergebnisse sind hier nicht zu finden, dafür aber andere lohnende Formen der Erkenntnis.

2.3 Qualitative Methoden

2.3.1 Was heißt »qualitativ« in der Psychologie?

Im alltagssprachlichen Wortgebrauch bedeutet »qualitativ« oder »Qualität« häufig so viel wie »gut« oder »hochwertig«. Im wissenschaftlichen Wortgebrauch bedeutet »qualitativ« keinerlei Güte, sondern einfach nur, daß es um die *Beschaffenheit* von Gegenständen geht. Das *wie* und *was* der Psyche soll in der Psychologie unter dem Begriff »Qualität« erforscht werden, während in der quantitativen Psychologie die Frage nach dem *wieviel* exakt untersucht wird. Dies stellt aber nicht nur einen Verlust dar. Denn anstatt der Mengenangaben und berechenbaren Ergebnisse können durch die Frage nach dem *wie* der Psyche sogenannte **subjektive Sinngehalte** und deren **objektive Vermitteltheit** erfaßt werden. Zwei zentrale, aber schwierige und trockene Begriffe – sehen wir sie näher an, damit sie lebendig werden:

(1) Es geht um **Sinn**. Der Unterschied zur quantitativen Psychologie ist dadurch im Ansatz schon klar: Sinn läßt sich schließlich nicht in Zahlen darstellen. Doch was ist Sinn überhaupt? Diese Frage kann so allgemein nur schlecht beantwortet werden. Jeder kennt Fragen nach dem Sinn, und jede allgemeine Antwort ist wacklig. Man kann immer nachfragen und bei jeder Antwort mit »wirklich?« kontern. Fragen wir deshalb lieber, warum der Begriff »Sinn« verwendet wird, und nicht danach, was er bezeichnet. »Sinn«, oder etwas nüchterner formuliert, »Sinngehalte« sind **nicht definierbar** – man kann sie nicht allgemeingültig festschreiben oder gar messen. Nun ist es ja in der Tat so, daß es im Kosmos der menschlichen Psyche auch immer etwas gibt, das nicht festschreibbar, kontrollierbar oder berechenbar ist. Unzählige Philosophen, Poeten und Künstler haben sich darüber schon Gedanken gemacht und tun es auch heute noch. Jeder tut das. Was ist der **Stoff** des seelischen Lebens? Was ist es im Menschen, das sich der Kontrolle entzieht? Auf welchen verschlungenen Wegen waltet und schaltet die menschliche Freiheit? Dies ist eine Frage der **Poesie und Kunst**. Sie findet die am meisten angemessenen Ausdrucksformen bei der Beschäftigung mit der Frage nach dem Stoff der Seele. Doch auch die **Wissenschaft** kann sich dieser Frage widmen – und von der Kunst lernen. Im Unterschied zur Kunst will sie aber einem **Zweck** dienen. Dem Zweck, daß sich mit den Erkenntnissen auch etwas machen läßt. Sie ist dadurch in ihren Arbeitsweisen nicht so frei wie die Kunst. Sie muß ihre Eindrücke in einen Rahmen bringen, der Schlußfolgerungen zuläßt. Sie muß darlegen, wie sie zu ihren Erkenntnissen kommt. Sie muß ihre Antworten und Schlußfolgerungen freiwillig so formulieren, daß sie gut kritisiert und weiterentwickelt werden können. Sie will die vernünftige Basis für gezieltes Eingreifen in die Belange des menschlichen Zusammenlebens sein.

Der Unterschied sowie der Zusammenhang zwischen Kunst und Wissenschaft ist ein sehr spannendes und lohnendes Thema. Die methodischen Probleme und Herausforderungen in der Psychologie können durch die Beschäftigung mit diesem Thema gut erlernt werden. Da hier der Vergleich von Kunst und Wissenschaft nicht vertieft werden kann, soll ein Zitat als Einblick genügen. Es stammt von Anna Freud, der Tochter von Sigmund Freud.

> »Was mein Vater mit dem Doppelgänger meinte, ist nicht schwer zu sagen. Er hat oft davon gesprochen, daß Dichter und Schriftsteller auf dem ihnen eigenen Weg zu den selben Schlüssen über die menschliche Natur kommen, die er mühsam in der analytischen Arbeit an Patienten erkämpfen mußte. In diesem Sinn ist also der Novelist der Doppelgänger des Analytikers.«
>
> (ANNA FREUD zit. nach Reichmayr 1983, S.55)[1]

Nicht nur der Analytiker ist Doppelgänger des Novelisten. Jeder Psychologe, der den unberechenbaren Stoff menschlichen Erlebens greifen will, geht Arm in Arm mit der Poesie.

Wie kann nun der Stoff der Seele wissenschaftlich berührt werden? Ein schwieriges Unterfangen. Schwierig, weil ich Begriffe verwenden muß und gleichzeitig das, was den Menschen als unberechenbar auszeichnet, nicht mit den Begriffen und damit verbundenen Vorstellungen einmauern darf. Ich muß sagen können, das ist der Grund der Seele, ohne starr zu werden, ohne eine Vorstellung zum allgemeingültigen Prinzip zu erheben. Auf diesem Weg ist nun der Begriff **Sinn** ein guter Start – gerade deshalb, weil er allgemein so unbestimmt ist und erst in konkreten Zusammenhängen eine Aussage transportieren kann. Ein Sinn kann nicht erklärt oder allgemein festgeschrieben werden, er will gehört sein. Nun stellt sich die Frage, wie funktioniert denn dann Wissenschaft, wenn ich nicht mehr erklären kann? Der Philosoph WILHELM DILTHEY schlug hier im letzten Jahrhundert vor, einen zur erklärenden Wissenschaft alternativen wissenschaftlichen Weg zu kultivieren. Er nannte ihn **sinnhaftes Verstehen**. Die ganze Welt des menschlichen Erlebens ist von Sinn durchzogen, und als ForscherInnen können wir die verschiedenen Webmuster ertasten. Wie kann man sich dieses wissenschaftliche Tasten vorstellen? Ein anderer Philosoph, THEODOR W. ADORNO, hat in diesem Jahrhundert dafür einen sehr schönen Begriff vorgeschlagen: **Mimesis**. Mimesis heißt »sich angleichen«. Der wissenschaftliche Verstand versucht dabei, seinen Forschungsgegenstand möglichst wenig in feststehende Begriffe hineinzupressen oder auf die Ebene reiner Logik (Mathematik) zu entführen. Vielmehr versucht der Wissenschaftler, dem Gegenstand dort, wo er

---

1. : Reichmayr Johannes (1983), Psychoanalyse im Krieg. Zur Geschichte einer Illusion. in: Passet P., Modena E. (Hg.), Krieg und Frieden aus psychoanalytischer Sicht. Basel.

lebt, in seinem Denken möglichst nahe zu kommen. Wie das geht, wird später ein wenig genauer dargestellt.

(2) Kommen wir zum Begriff **subjektiv**: So wie bisher von Sinn die Rede war, ist noch unklar, wo er zu finden ist. Wir könnten der Idee verfallen, daß der Sinn etwas ganz Erhabenes, über den Menschen Schwebendes oder in ihnen Wohnendes ist. Oder daß die Menschen nur Werkzeuge sind, mit denen der überirdische Sinn auf die Welt kommt. Wir könnten meinen, daß die menschliche Seele den Sinn ausdrückt, aber dieser vorher ganz woanders entsteht. Wir würden dadurch in den Bereich von Mythos, Religion und Spiritualität geraten. Dort haben wir aber als PsychologInnen nichts verloren. Unser Forschungsgegenstand ist der Mensch. Wir sind keine Boten eines übergeordneten Prinzips, keines universalen Geistes, keines Jenseits und auch keines Gottes. Das heißt nicht, daß wir als PsychologInnen Spiritualität als Quatsch erklären müssen oder daß wir eine bessere Wahrheit hätten. Es heißt lediglich, daß Spiritualität nicht unsere Baustelle ist. Das, was psychologisch mit dem Begriff Sinn berührt werden soll, findet sich nicht in einer an sich existierenden geistigen Welt. Vielmehr wird Sinn genau anders herum verstanden. Die geistige sinnhafte Welt entsteht durch die Menschen. Und zwar nicht durch sie hindurch, sondern von Anfang an bei ihnen. Die Psyche ist der Ort, wo Sinn ensteht. Sinn ist ein **psychisches Produkt.** Diese Produktionsarbeit sieht bei jedem Menschen etwas anders aus, sie ist **individuell und verschieden**. Diese individuelle, einzigartige Entstehung von Sinngehalten wird durch den Begriff »subjektiv« ausgedrückt.

(3) Nun müssen wir aber aufpassen, daß wir uns den einzelnen Menschen nicht als zu mächtig vorstellen. Er produziert zwar Sinn, macht das aber nicht unabhängig von seiner Umgebung und seinen Bedürfnissen. Grundsätzlich ist er frei, aber er kann trotzdem nicht alles machen und bekommen, was er will. Der Begriff menschlicher Freiheit kann, wenn man ihn verabsolutiert, zum neuen Mythos werden. Es gibt Grenzen der menschlichen Sinnkonstruktion, Grenzen der Psyche. Diese Grenzen sind das, was als **objektiv** bezeichnet wird. Die subjektive Sinnkonstruktion erfolgt nicht im luftleeren Raum. Nur mit ausreichender Sauerstoffversorgung können wir Sinn konstruieren. Und der Sauerstoff ist die **Sprache** – Sprache in jeder erdenklichen Form (sprechen, schreiben, malen, musizieren, gestikulieren, lachen, leiden etc.). Ohne Sprache könnten wir gar nichts. Und die Sprache gehört nicht dem Einzelnen. Sprache wird erlernt und geformt. Sprache hat Geschichte. Sprache gibt es nur durch menschliche Gemeinschaft, sie ist gesellschaftlich. Die subjektive Sinnkonstruktion erfolgt also in einem gesellschaftlichen Medium. Die Gesellschaft ist objektiv. Sie setzt uns **Bedingungen** – Bedingungen für unsere Sinnkonstruktionen. Jeder Mensch denkt, fühlt und handelt aufgrund dessen, was er als sinnvoll erachtet. Den Sinn muß man selbst erschaffen oder auswählen. Das tut niemand aus reiner Spielerei, sondern auch aus praktischem Grund. Man muß in der Welt, in der man lebt, in der Gesellschaft, im sozialen Umfeld klar kommen. Man will **handlungsfähig** sein. Die subjektive Sinnkonstruktion zielt demnach auf eine mögliche Handlungsfähigkeit im gesellschaftlichen Umfeld ab. In noch abstrakteren Worten: Subjektivität ist objektiv vermittelt.

(4) Man darf sich die subjektiven Sinnkonstruktionen hierbei nicht als ausschließlich bewußte oder gar völlig durchdachte Überlegungen vorstellen. Sinnkonstruktionen folgen keinem strategisch-psychologischen Plan in der Art, daß man sich sagt: »Wenn ich mir die und die Sinnkonstruktion zurechtzimmere, dann bin ich in diesem und jenem Umfeld handlungsfähig«. Die Psyche funktioniert nicht nach so einfachen Mustern – nicht mal bei PsychologInnen. Die Basis von Sinnkonstruktionen ist **unbewußt**. Im Webmuster der Sinnkonstruktionen sind die Gefühle mit Gedanken und Vorstellungen zu einem subjektiv stimmigen Bild verflochten. Dieses Bild trägt niemand ständig vor Augen wie einen Stadtplan. Die meisten Facetten dieses Bildes sind verborgen, verschlüsselt und übermalt – eben unbewußt. Die bewußten Überlegungen sind meist die Sahnehäubchen auf einer bereits gebackkenen Torte. Genauso wie das Bild ist auch die Webarbeit – der Akt der Sinnkonstruktion – größtenteils unbewußt. Die Psyche sitzt ein Leben lang am Webstuhl und arbeitet fast ständig an Sinn-Bildern – doch selten betrachtet sie ihr Werk. Für dieses Werk interessieren sich aber PsychologInnen. Nur kann ihnen die Psyche über ihre unbewußten Sinngehalte leider kein Referat halten. So leicht geht es nicht.

Wie können nun forschende PsychologInnen den bewußten und unbewußten subjektiven Sinngehalten und ihren objektiven Bedeutungen auf die Spur kommen?

2.3.2 Auf der Suche nach Irritationen

Innerhalb der qualitativen Psychologie gibt es eine Menge an verschiedenen Methoden. Daher können hier nur Beispiele und deren Prinzip vorgestellt werden.

Es wurde schon angesprochen, daß es in der qualitativen Forschung um Sinn-Verstehen geht und daß sich die ForscherInnen im Denken dem Forschungsgegenstand anschmiegen müssen. Zunächst ist zu beachten, daß Sinngehalte komplex sind. Sie können nicht wie in der quantitativen Psychologie auf wenige Variablen reduziert werden. Der Sinn würde sich sonst schleunigst verflüchtigen. Ein zentraler Punkt ist dabei der Umgang mit den Störfaktoren. Während die quantitative Psychologie Störfaktoren, so gut sie nur kann, ausschalten muß, bilden sie in der qualitativen Psychologie gerade das Fleisch der Forschung.

Eines der gängigsten Erhebungsverfahren qualitativer Forschung ist das *Interview*. Die Beziehung zwischen ForscherIn und »Beforschtem« beeinflußt dabei selbstverständlich das Befinden und die Aussagen der untersuchten Person. In der quantitativen Psychologie gilt es, die Effekte dieser Beziehung weitgehend zu verhindern – am besten indem die Beziehung gar nicht entsteht. In der qualitativen Psychologie wird genau mit dieser Beziehung gearbeitet. Das heißt, der Forscher muß sich nicht so neutral wie möglich geben, sondern läßt auch seine Vorstellungen, Gefühle und Gedanken in den Forschungsprozeß einfließen. Am deutlichsten wird dies in der sogenannten *Aktionsforschung*, bei der sich die ForscherInnen selbst an dem zu erforschenden sozialen Vorgang aktiv beteiligen.

Die **Subjektivität des Forschers** ist beispielsweise von der Geschlechtsidentität und der geschlechtsspezifischen Wahrnehmung abhängig. Es macht einen nicht zu unterschätzenden Unterschied, ob in der Forschungssituation eine Frau und ein Mann, zwei Männer oder zwei Frauen zueinander in Beziehung treten. Stellen wir uns der Anschaulichkeit wegen im Anschluß eine bestimmte Forschungssituation vor: Das Interview eines Psychologen mit einem gewalttätigen Fußballrowdy, nennen wir ihn der Einfachheit halber »Killer«.

Der springende Punkt, wodurch sich eine Forschungssituation von einem normalen Gespräch oder einer alltäglichen Begegnung unterscheidet, ist der, daß der Forscher auf seine Subjektivität genau achten muß. Er muß sie nicht umgehen, aber sich ihrer bewußt sein. Er muß bemerken und analysieren, was mit ihm selbst während des Forschungsprozesses passiert. Beispielsweise, wenn er sich ärgert: Er muß klar erkennen, daß er sich ärgert, darf diesen Ärger aber nicht austoben. Dem anderen darf er seine Meinung nicht aufzwingen, indem er ihn geschickt dahin bringt, das zu zu sagen oder zu tun, was er möchte. Er darf seinen Ärger nicht damit abtun, daß es Blödsinn sei, was der andere sagt oder macht, und seine Gefühle nicht in Statements zur Person des anderen ummünzen. Er muß seine Gefühle bei sich selbst stehen lassen können. Dabei muß der Forscher aufpassen, daß seine Gefühle die Interaktion nicht versteckt manipulieren. Kommt es möglicherweise zum Konflikt, muß er seinen Standpunkt klar zu erkennen geben. Der andere weiß dann, woran er ist und kann frei damit umgehen. Hält der Forscher sich an diese Regeln, dann bleibt das Gespräch offen und im Fluß. Forscher und Beforschte treten also in Beziehung zueinander. Wichtig ist nun zu begreifen, daß die Beforschten nicht als Forschungs-Objekte, sondern als ein **Forschungs-Subjekt** gesehen werden. Damit ist gemeint, daß der andere im Prinzip nicht wie das tragende Ding eines psychischen Funktionszusammenhangs gesehen wird, sondern als ein lebendiger freier Mensch, der die Forschungssituation genauso bestimmt wie der Forscher. Zu beachten ist hier auch, daß die Beforschten als die Experten des zu untersuchenden psychischen Phänomens verstanden werden. Im Fall »Killer« ist dieser der Experte für seine Gewalttätigkeit im Fußballstadion – nicht die Forscher. Der Forscher ist neugierig und interessiert sich für »Killers« Erleben und Handeln. Der Forscher fühlt sich in sein Empfinden ein, so weit er kann, und achtet darauf, was dabei mit ihm selbst passiert. Man sagt, er ist **empathisch**. Der Forscher geht aber nicht in »Killers« subjektiver Welt vollständig auf. Er macht dessen Sinnkonstruktionen nicht zu seinen eigenen, denn er bewahrt seine eigene Identität. Auch der Forscher ist ein Subjekt mit eigenen Gefühlen, und zwischen den beiden Subjekten entsteht eine Beziehung – ein **Verhältnis**. Genau dieses Verhältnis wird dann zum Angelpunkt der wissenschaftlichen Betrachtung. Was passiert zwischen den Forschungs-Subjekten, und was hat das mit »Killers« Psyche zu tun? Eine schwierige Frage, denn der Forscher ist ja auch an dem Geschehen des Interviews beteiligt. Die subjektive Wirklichkeit des Forschers und die »Killers« müssen unterschieden werden. Dafür muß sich der Forscher selbst gut kennen, um beurteilen zu können, wo seine eigenen Anteile im Forschungsprozeß bestimmend sind – und wo nicht.

Das Forschungsmaterial muß nun ausgewertet werden. Interviews wurden auf Band aufgezeichnet und schriftlich niedergeschrieben – danach kommt die **Interpretation**.

Es gibt verschiedene Methoden der Interpretation. Nehmen wir als Beispiel eine sehr aufwendige Methode, um die feine Systematik qualitativer Forschung zu veranschaulichen: die sogenannte *Psychoanalytische Textinterpretation*.

Allgemein hat die psychoanalytische Textinterpretation das Ziel, den verdrängten Sinn eines Textes zu erschließen. Sie versucht zum einen, subjektive Sinngehalte des Forschungs-Subjekts aufzuhellen, und zum anderen, die dahinter liegenden objektiven Bedeutungsstrukturen zu erfassen. Der Zusammenhang zwischen subjektiven Sinngehalten und objektiven Bedingungen wurde oben bereits angedeutet. Konkret heißt das im Falle »Killer«, daß uns seine Wirklichkeit und sein Unbewußtes nicht einfach so interessieren. Vielmehr wollen wir die gesellschaftlichen Hintergründe für »Killers« Erleben und Verhalten begreifen. Schließlich ist er nicht der einzige Gewalttäter an den Wochenenden. Allerdings wollen wir nicht nur gesellschaftliche Mißstände auflisten, sondern wir wollen genau wissen, warum sich speziell »Killer« so verhält. Auf diesem Weg erhalten wir Erkenntnis über Verhältnisse zwischen Psyche und Gesellschaft. Mit der psychoanalytischen Textinterpretation versuchen wir also das, was wir bei einzelnen Individuen herausfinden, in einen Zusammenhang mit den objektiven gesellschaftlichen Strukturen zu stellen. Gewissermaßen suchen wir die (objektive) Gesellschaft auf dem Boden einer individuellen (subjektiven) Psyche.

Im Zentrum der psychoanalytischen Textinterpretation steht die **Suche nach Widersprüchen**. Diese Suche erfolgt auf mehreren Ebenen. Zunächst werden Regelverletzungen im logischen sowie auch grammatikalischen Aufbau des Textes festgestellt. Dann werden Widersprüche zwischen gefühlsmäßigem Ausdruck (z. B. durch Gestik) und Textaussagen herausgearbeitet. Dann wird die Interaktion zwischen den Gesprächspartnern analysiert. Die Interaktion zwischen den beiden wird wie eine Bühnenszene begriffen, aus der sich wie bei einem Theaterstück gewissen Aussagen herausinterpretieren lassen. Auch hier können Widersprüche zwischen Handlung und gesprochenem Wort gefunden werden. Im sogenannten **hermeneutischen Verstehen** wird nun anhand der gefundenen Widersprüche versucht, Verdrängungen auf die Spur zu kommen. Man arbeitet sich von der Oberfläche des Textes zu einem darunter **verborgenen Sinn** vor. Der Interpret muß dabei stark mit seinen eigenen Gefühlen arbeiten. Er schaut zum einen, was ihm der Text *sagt*, und zum anderen, was der Text mit ihm *macht*. Und da können durchaus Widersprüche bestehen. Der Interpret läßt sich sozusagen bewußt verunsichern. Und die Verunsicherungen bilden die Leitlinie zum verdrängten Sinn des Interviewgesprächs. Wichtig ist dabei, daß der Interpret seine Gefühle im Hinblick auf das Gespräch genau wahrnimmt, gut kennt, begreift und zuordnen kann. Der Interpret **reflektiert** die Gesprächssituation, indem er seine Gefühle und Verunsicherungen analysiert.

Zusammenfassend läßt sich also sagen: Die **Irritation** des Forschers ist in der qualitativen Forschung der Pfad zur psychologischen Erkenntnis.

Deutlich wird auch, daß die qualitative Forschung im Unterschied zur quantitativen aufgrund der enorm aufwendigen Auswertung mit weniger Versuchspersonen auskommen muß. Die Durchführung und Auswertung von beispielsweise 100 Interviews nimmt ein 5köpfiges Forschungsteam locker ein bis zwei Jahre in Anspruch.

Um noch einen weiteren Eindruck von dem großen Arbeitsaufwand bei der Auswertung von Forschungsinterwiews zu geben, wird kurz die Vorgehensweise bei der sogenannten *objektiven Hermeneutik* skizziert:

Als erstes wird eine bestimmte Frage gestellt, um festzulegen, worauf die Analyse des Interviewmaterials abzielt – beispielsweise die nach der Persönlichkeitsstruktur »Killers«. Dann setzen sich 5 Interpreten zusammen und arbeiten 30 Stunden lang an einer Seite des Interviewprotokolls. Dabei wird eine ca. 50 Seiten lange Interpretation erarbeitet. Danach kommt die nächste Protokollseite dran. Der Kern dieser äußerst ausführlichen Teamarbeit ist hierbei der Einbau von Gedankenexperimenten in den vorliegenden Text. Die Interpreten nehmen sich eine bestimmte Textstelle vor, an der »Killer« eine Handlung aus seiner subjektiven Sicht beschreibt. Die Interpreten überlegen sich nun alle nur denkbaren Bedeutungen der Handlung – unabhängig von »Killers« spezieller Sichtweise. Aus den zusammengetragenen Bedeutungsmöglichkeiten der Handlung versuchen die Interpreten nun Gemeinsamkeiten herauszufiltern. Die daraus abgeleiteten Schlußfolgerungen werden dann am konkreten Fall überprüft und unter Umständen korrigiert. Nach wiederholten Befragungsschritten an das Textmaterial werden zum Schluß alle Interviews miteinander verglichen und übergeordnete Gemeinsamkeiten gesucht.

Weil die qualitative Forschung für jede Untersuchungseinheit so aufwendig ist, muß im jeweiligen Forschungsplan genau überlegt werden, inwieweit auch quantitative Methoden für die Forschungsfrage von Nutzen sind. Die Vor- und Nachteile der qualitativen bzw. quantitativen Methoden werden also hinsichtlich des Forschungsvorhabens abgewägt.

2.4　Zum Verhältnis quantitativer und qualitativer Forschung

Einleitend muß hier gesagt werden, daß in der psychologischen Forschungspraxis die quantitativen Methoden überwiegen. Dies hat vielschichtige Gründe:

Im gängigen Wissenschaftsverständnis gilt die Forschung, die Zahlen und berechenbare Ergebnisse liefert, in der Regel mehr. Manche Stimmen gehen sogar so weit, zu behaupten, quantitative Forschung sei die einzige, die sich »wissenschaftlich« nennen darf. Solche Behauptungen sind wissenschaftstheoretisch gesehen unhaltbar, aber trotzdem oft zu hören, weil die quantitative Forschung technisch verwertbare Ergebnisse liefern kann. Man denke z. B. an Physik, Maschinenbau oder ganz allgemein an angewandte Naturwissenschaft. Hier zweifelt niemand an der Wissenschaftlichkeit. Zahlen sind eindeutig. Man spricht auch von **exakter Wissenschaft**. Die Psychologie hat hinsichtlich wissenschaftlicher Anerkennung einen viel schwereren Stand als beispielsweise die Physik oder der Maschinenbau, denn der Gegenstand der Psychologie – die Psyche – ist äußerst schwer zu messen. Unterschiedliche Blickwinkel auf die Psyche bewirken unterschiedlichste, oft sogar sich widersprechende Erkenntnisse. Da wir normalerweise gewohnt sind, in der Wissenschaft exakte Ergebnisse und eindeutige Erkenntnisse zu erhalten, entsteht die Frage, ob Psychologie denn überhaupt eine Wissenschaft ist. Viele bezweifeln das. Die Psychologie steht somit unter Rechtfertigungsdruck und leidet gewissermaßen an einem Minderwertigkeitskomplex. In Gesprächen mit Naturwissenschaftlern oder Ingenieuren ernten Studierende der Psychologie nicht selten ein mildes Lächeln. Aus einer erkenntnis- und wissenschaftstheoretischen Sicht ließe sich dieser Komplex zwar auflösen, doch in der Regel ist mit Erkenntnistheorie gesellschaftlich und politisch kein Blumentopf zu gewinnen. Im Laufe ihrer jungen Geschichte bemühte sich die Psychologie nunmehr darum, dem gängigen Bild von Wissenschaft zu entsprechen. Und dafür muß sie Zahlen und mathematische Berechnungen bringen. Die Labors wurden immer aufwendiger, die Datenerhebung immer ausgefeilter, die computergestützte Auswertung immer raffinierter, die Theorien immer schematischer. Selbstverständlich muß dabei alles, was man unter dem **Begriff Seele** einordnet, von der »Psyche« runtergekratzt werden« um einen sauber zu berechnenden Gegenstand zu haben. Gegen diesen Vorgang ist an sich nichts einzuwenden, sofern die dadurch entstehenden Grenzen der Erkenntnis über den Menschen nicht übersehen werden.

Die Psychologie bemühte sich also, der exakten Naturwissenschaft nachzueifern, um in den Kreis anerkannter, nutzbringender Wissenschaften aufgenommen zu werden. Sie trat sozusagen in den Windschatten der anerkannteren Naturwissenschaften. Das in Abschn. 2.1.3 skizzierte positivistische Wissenschaftsverständnis wurde zum Königsweg psychologischer Forschung. Dies ist bis heute so. In die auf dem positivistischen Wissenschaftsverständnis aufbauenden Forschungsprojekte fließen fast sämtliche Forschungsgelder.

Der Positivismusstreit in der Wissenschaft

Diese methodische Einseitigkeit psychologischer Forschung ging am Auge der Erkenntnistheoretiker natürlich nicht vorbei. Viele Sozialwissenschaftler und Philosophen kritisierten diese Anpassung der Psychologie an das gesellschaftliche Bedürfnis nach Kontrollierbarkeit der Psyche. Die berühmtesten unter ihnen waren THEODOR W. ADORNO und JÜRGEN HABERMAS (Vertreter der sog. »Frankfurter Schule«), die Ende der 60er Jahre in einen öffentlichen Streit mit den Vertretern des herrschenden Wissenschaftsverständnisses traten. Sie wandten sich gegen KARL R. POPPER und HANS ALBERT, die auf logisch exakte Überprüfbarkeit wissenschaftlicher Aussagen bestanden. Es kam zum sogenannten **Positivismusstreit** in der Sozialwissenschaft. Dieser Streit bewegte sich auf einem sehr hohen theoretischen Niveau und ist nur mit großer Anstrengung nachzuvollziehen. Trotzdem lohnt sich die Mühe, um einen Überblick über die grundlegenden methodischen Probleme der Psychologie zu gewinnen.

POPPER und ALBERT vertraten die Ansicht, daß man nur durch den Vergleich von theoretischen Aussagen und genauer Beobachtung wissenschaftliche Fortschritte erzielen könne. Die Beobachtungen müssen dabei eindeutig meßbar sein, und in Anbetracht dieser exakten Beobachtungen dürfen in der Theorie keine logischen Widersprüche entstehen – ansonsten müsse die Theorie verworfen werden. Wissenschaft habe sich an Tatsachen zu orientieren. Wissenschaftlicher Fortschritt erfolge also durch das Aufspüren von offensichtlichen Irrtümern, die man anhand logischer Widersprüche erkenne.

Die Bedeutung von Logik und Tatsachen in der Wissenschaft bildet nun den Ansatzpunkt für die Kritik von ADORNO und HABERMAS. Gegen Logik und Tatsachen an sich sei natürlich nichts zu sagen, doch sie seien nicht alles. Bilde die logische Widerspruchsfreiheit und exakte Tatsachenbeobachtung das einzige Kriterium wissenschaftlicher Erkenntnis, könne der gesamtgesellschaftliche Zusammenhang psychischer Phänomene nicht mehr ins Auge genommen werden. Nur noch vereinzelte Erkenntnisse seien dann möglich, die das wirkliche Leben der Menschen nicht tief genug durchdringen. Dann könne der Forscher seinen Blick nur im Rahmen der herrschenden Verhältnisse bewegen, von denen er selbst geprägt ist. Das Denken bewegt sich dann in vorgegebenen Bahnen und liefert nur die Erkenntnisse, die die bestehenden Verhältnisse bestätigen. Akzeptiert man die gesellschaftliche Bedingheit des eigenen wissenschaftlichen Denkens, und will man über den Rahmen der herrschenden gesellschaftlichen Verhältnisse ein Stück weit hinausdenken können, müssen die gewohnten Denkbahnen erschüttert werden. Dies passiert, sobald man gerade das Gebot der logischen Widerspruchsfreiheit verletzt, den Anspruch von Rundum-Erklärungen aufgibt und Begriffe sowie Vorstellungen in widersprüchliche Verhältnisse setzt. ADORNOS und HABERMAS' Erkenntnismethode wendet sich dabei allerdings nicht gegen den Anspruch der Rationalität – sie hat nichts mit Irrationalismus zu tun. Sie folgen vielmehr einer streng aufklärerischen und ideologiekritischen Tradition, die jenseits der gewohnten Denkbahnen keine parapsychologischen oder mystischen Seelengründe, sondern Einsichten in gesamtgesellschaftliche Zusammenhänge sucht, die bis ins Innere der (eigenen) Psyche reichen.

Während POPPER und ALBRECHT weiterhin die Ansicht vertraten, daß Wissenschaft wertfrei sei, betonten ADORNO und HABERMAS, daß Wissenschaft genauso wie alles andere in gesellschaftliche Prozesse eingebunden sei und somit immer bestimmten Interessen folge. Jede Wissenschaft habe immer einen Standpunkt. Die Logik alleine könne diese Interessen und Standpunkte nicht aufdecken. Kritische Wissenschaft müsse sich demnach in Widersprüchen bewegen, anstatt sie zu vermeiden. Sie müsse ihre Standpunkte kenntlich machen, ansonsten verschleiere sie die gesellschaftlichen Prozesse, in die sie eingebunden ist.

Unschwer ist zu erkennen, daß sich in dem skizzierten Streit ein **politischer Kampf** abspielt: Der Kampf um die Rolle der Wissenschaft in der Gesellschaft. Soll in unserem Fall die Psychologie lediglich technisch verwertbare Ergebnisse oder auch kritische Einblicke in die gesellschaftliche Realität der Psyche vermitteln? Verläßt man sich ausschließlich auf positivistische Methoden, kommt man mit der Kritik nicht weit, auch wenn man gegenteiliges behauptet.

Auf dem Hintergrund dieses politischen Kampfes und der Forderung nach einer gesellschaftskritischeren Rolle der Psychologie wurden in den 70er Jahren die qualitativen Methoden in der psychologischen Landschaft etabliert. Mit ihnen läßt sich den gesellschaftlich bedingten Brüchen in der Seele gut nachspüren. Aus politisch nachvollziehbaren Gründen stand diese Forschungsrichtung in der Psychologie immer unter Druck. Im Gegenzug dazu verteufelten so manche qualitativ orientierten PsychologInnen den positivistischen Ansatz als reines Herrschaftsinstrument der ungerechten politischen Ordnung. Die Fronten begannen sich zu verhärten, wobei die qualitative Forschungsrichtung eindeutig den kürzeren zog. Häufig artet die Kontroverse um die passende Forschungsmethode in einen **Glaubenskrieg** aus, der letztendlich auf Kosten der kritischen Wissenschaft geht.

Seriöse Wissenschaftler bemühen sich jedoch darum, **beide methodischen Ansätze vernünftig auf die entsprechenden Forschungsgegenstände abzustimmen.** Manche psychologischen Fragen lassen sich besser mit qualitativen Methoden klären und andere besser mit quantitativen. Beispielsweise läßt sich die Gewaltbereitschaft bei Skinheads mit qualitativen Methoden genauer erforschen, während die schichten- oder generationsspezifische Verteilung rechtsradikaler Ansichten besser mit quantitativen Methoden erfaßt werden kann. Um einen Überblick über die Verteilung bestimmter psychischer Phänomene in der Bevölkerung, beispielsweise fremdenfeindliche Einstellungen, zu gewinnen, braucht man große Stichproben. Mit qualitativen Methoden würde man dabei alt werden. Dafür könnten quantitative Methoden aber nur sehr begrenzt Aufschluß über psychische Mechanismen der Fremdenfeindlichkeit geben.

Grob kann man hier folgende **Faustregel** aufstellen: Mit quantitativen Methoden können viele Versuchspersonen »oberflächlich« erforscht werden, und mit qualitativen Methoden kann man wenige Versuchspersonen ganz genau untersuchen.

Manchmal werden in einem Forschungsprojekt **beide Methodenansätze auch kombiniert.** Nehmen wir nochmal das Beispiel Fremdenfeindlichkeit: Zunächst könnten wir bestimmte Merkmale definieren, die als Kriterium für Fremdenfeindlichkeit gelten. Mit einem Fragebogen könnten wir nun beispielsweise alle Bevölkerungsgruppen durchforsten und untersuchen, ob es eine bestimmte Gruppe gibt, bei der die Werte für Fremdenfeindlichkeit am höchsten sind. Zeigt sich z. B., daß eine bestimmte Bevölkerungsgruppe in ihren Meßwerten signifikant vom Durchschnitt abweicht, könnten wir uns wenige Personen aus diesem Kreis herauspicken und mit qualitativen Interviews genau befragen. Wir bekämen dann Aufschluß über psychische Funktionszusammenhänge, die bei dieser Bevölkerungsgruppe der Fremdenfeindlichkeit zugrunde liegen. Danach beziehen wir die Erkenntnisse aus diesem Forschungsdurchgang auf Personen aus der Gruppe, die die niedrigsten Meßwerte auf der Variable »Fremdenfeindlichkeit« hat, und untersuchen, ob die zuvor analysierten psychischen Funktionszusammenhänge auch bei dieser Gruppe zu finden sind. Ein positives Ergebnis würde in diesem Zusammenhang sehr zum Nachdenken anregen, einen wertvollen Beitrag zur Rassismusforschung liefern und dort interessante Fragen aufwerfen. Beispielsweise könnte sich eine besonders wohlmeinende Haltung gegenüber Ausländern, die zunächst als ein Kriterium für geringe Fremdenfeindlichkeit gewertet wurde, als eine spezielle Spielart von Rassismus herausstellen.

Erwähnt werden muß hier auch, daß im Studium zwischen dem Lehrangebot in quantitativen und qualitativen Methoden ein deutliches Mißverhältnis herrscht. Quantitative Methoden werden verpflichtend relativ ausführlich gelehrt. Qualitative Methoden sind im Lehrplan weniger häufig vertreten. An manchen Universitäten liegt es in der freiwilligen Initiative der Studierenden, sich qualitative Methodik anzueignen – häufig erst im Zusammenhang mit der Diplomarbeit. An einigen Universitäten besteht nicht einmal dazu die Möglichkeit. Insgesamt läßt sich feststellen, daß qualitative Methodik an den Universitäten im Rückzug begriffen ist.

Der Einblick in die Methodenlehre der Psychologie kommt nun zum Ende. Für angehende PsychologiestudentInnen ist es empfehlenswert, sich in die methodischen und wissenschaftstheoretischen Probleme des Fachs zu vertiefen. Eine fundierte Ausbildung in diesem Bereich erleichtert es, sich im Dschungel psychologischer Theoriebildung zu orientieren und seine eigenen Standpunkte herauszuarbeiten. Falls das Angebot an der gewählten Uni zu gering oder zu einseitig sein sollte, empfielt es sich, über die Grenzen des eigenen Faches hinauszublicken und beispielsweise bei den Soziologen, Pädagogen, Literaturwissenschaftlern oder Philosophen die nötigen Anregungen zu holen.

3. Psychoanalyse

Bei dem Wort »Psychoanalyse« denkt man sofort an die Filme von Woody Allen. Begriffe wie »Ödipus«, »Mutterkomplex« oder »Kastrationsangst« kommen einem dabei in den Sinn. Mit weiteren Begriffen wie »Verdrängung«, »Neurose« oder »Sexualtrieb« scheint dann einer verbreiteten Ansicht nach der Kern der Psychologie überhaupt angesprochen zu sein. Das ist ein Irrtum – die Psychoanalyse hat zwar das Denken des 20.Jahrhunderts revolutioniert, stellt aber nur eine spezielle Teildisziplin der Psychologie dar.

3.1   Zum Begriff des Unbewußten

Von den anderen wissenschaftlichen Zugangsweisen zur Psyche unterscheidet sich die Psychoanalyse im wesentlichen durch einen **Begriff des Unbewußten**. Dieser Begriff bildet den theoretischen Knackpunkt zum Verständnis der Psychoanalyse. Zum Unbewußten gibt es innerhalb der Psychoanalyse verschiedene Ansichten.

Man kann das Unbewußte wie einen *feststehenden Speicher* vorgegebener *ewiger Seelenkräfte* sehen, der irgendwo im Untergrund der Psyche liegt und nicht ganz dicht ist. Mystisch anmutende Seelengründe treiben ihr Werk und dringen in Bildern wie »Große Mutter« oder »alter Weiser« ans Tageslicht. Solche Vorstellungen tragen häufig zum Spott über die Psychoanalyse bei und begründen auch den Gebrauch des Wortes »Unterbewußtsein« – so als wäre das Unbewußte wie ein geheimnisvolles U-Bahnnetz, in dem merkwürdige Gestalten unterwegs sind – als wären die Menschen gar nicht selbst verantwortlich für ihr Verhalten und Erleben.

Man kann das Unbewußte auch als ein *Energiereservoir* begreifen. Es liefert so gesehen hochexplosive psychische Rohstoffe, die dann von einem kontrollierenden Ich verarbeitet werden. In diesem Fall ist der Begriff des Unbewußten allerdings stark ausgedünnt, wenn damit nur noch unspezifische Energie angenommen wird. Beiden Vorstellungen ist gemeinsam, daß das Unbewußte wie ein Gefäß mit Inhalten betrachtet wird, das irgendwie von Natur aus in die Seele implantiert zu sein scheint.

Gibt man diesen starren Gedanken auf, kann das Unbewußte auch wie ein unbegrenzter Zusammenhang von Bedeutungen und Gefühlen verstanden werden – als *veränderliches Webmuster von Gefühlen, Wünschen und Ängsten*, die Bedeutung für Erleben und Verhalten haben und ihre *eigene Sprache* sprechen. Und dieses Webmuster ist nicht schon immer und für ewig vorgegeben, sondern es hängt von den sozialen und historischen Bedingungen ab, in denen man lebt. Dabei versteht sich schon fast von selbst, daß es nicht so leicht erforscht werden kann. Es kann nicht in Zahlen gemessen werden, aber ihm kann in zwischenmenschlichen Beziehungen nachgespürt werden – es kann gehört werden.

Geklärt werden muß hier noch die Unterscheidung zwischen **Bewußtsein und Unbewußtem**. Sie stellt den revolutionären Gedanken dar, den zu Beginn des Jahrhunderts erstmals der Wiener Arzt SIGMUND FREUD psychologisch ausgearbeitet hat. Er behauptete, das Ich sei nicht Herr im eigenen Haus. Damit erschütterte und kränkte er massiv die Ideologie der abendländischen Kultur. Ging man schließlich davon aus, daß das Ich, das Denken, die Vernunft – eben das Bewußtsein – den Angelpunkt menschlicher Freiheit darstelle und prinzipiell über jedes Schicksal mächtig sei, so warf FREUDS Sichtweise den Menschen in seelische Abgründe zurück. Nicht der Logos, sondern Leidenschaften, Wünsche und Gefühle bestimmen die Seele – und zwar unaufhaltsam. FREUD sprach in diesem Zusammenhang von **Trieb** und gab dabei im wesentlichen Sexualität und Aggression an. Man kann sich vorstellen, wie er angefeindet wurde, als er der Sexualität den zentralen Stellenwert im psychischen Haushalt gab. Er schmiß den Menschen vom Podest humanistischer Vorstellungen. Jener erschien nicht mehr als gut und edel, da die Triebe ohne Rücksicht auf andere befriedigt sein wollen. Da nun die lebenswichtige menschliche Gemeinschaft nicht funktionieren würde, wenn die Triebe hemmungslos ausgelebt werden würden, müssen viele Wünsche zum großen Teil verdrängt oder anderweitig in den Griff bekommen werden – sie werden vom Bewußtsein ferngehalten und bilden das Unbewußte. Für diese Trennung gibt es die sogenannten **Abwehrmechanismen** wie z. B. Verdrängung, Rationalisierung oder Sublimierung. Zusätzlich zur Unterscheidung von Unbewußtem und Bewußtsein entwickelte FREUD ein Modell, um seelische Strukturzusammenhänge beschreiben zu können: den **psychischen Apparat**. Er besteht aus dem Es, dem Ich und dem Über-Ich. Aus dem *Es* kommen Triebimpulse, das *Über-Ich* sagt »so geht's aber nicht«, und das *Ich* versucht den Trieben realitätsgerecht Geltung zu verschaffen, ohne allzu unangenehm aufzufallen. SIGMUND FREUD war behandelnder Arzt und interessierte sich in erster Linie dafür, warum es zu psychischen Leiden kommen kann. Seiner Theorie nach entsteht psychisches Leiden dann, wenn die Triebimpulse zu heftig vom Bewußtsein ferngehalten und Wünsche zu wenig befriedigt werden können – wenn die Abwehrmechanismen zu streng sind. Der Grund für die »übertriebene« Abwehr von Triebimpulsen liegt in Kindheitserfahrungen. Werden bestimmte Wünsche in der Kindheit beispielsweise durch Liebesentzug von den Eltern bestraft, müssen sie verdrängt werden, obwohl sie normalerweise gar nicht so unakzeptabel sind. Das Kind erlebt jene Wünsche dann als beängstigend und muß sie vom bewußten Erleben »abschminken«. Da die abgewehrten Wünsche aber schließlich zum Leben dazugehören, läßt sich der psychische Apparat einen Kompromiß einfallen: ein psychisches Symptom. Beispielsweise durch Ohnmachtsanfälle können sexuelle Wünsche ausgeblendet und trotzdem sehr viel Aufmerksamkeit erzeugt werden. Die Betroffenen leiden darunter, weil sie letztendlich nicht richtig zu dem kommen, was sie eigentlich wollen, und die Symptome sehr bedrückend sein können. Ein anderes Beispiel: Ein Waschzwang hilft, Triebimpulse zu kontrollieren, während er das Leben zur Hölle macht. FREUD führte zur Bezeichnung solcher seelischen Zwickmühlen den Begriff **Neurose** ein. Eine psychoanalytische Heilung von Neurosen ist möglich, wenn die abgewehrten unbewußten Wünsche und Ängste behutsam in einer therapeutischen Beziehung dem Bewußtsein zugänglich gemacht werden. Interessant an FREUDS klinischer Theorie ist dabei vor allem, daß er keinen grundsätzlichen, sondern einen graduellen Unterschied zwischen seelischem Wohlbefinden und Leiden angibt. Eine strikte Trennung zwischen psychischer Gesundheit und Krankheit gibt es in der Psychoanalyse nicht.

Zusätzlich zu seiner klinischen Theorie entwickelte Freud auch außergewöhnliche **kulturtheoretische Perspektiven**. Mit seinem Bild des sogenannten »Triebschicksals« und dem Begriff des Unbewußten schuf er ein Modell zum Verständnis des Zusammenhangs zwischen gesellschaftlichen Bedingungen und den Wurzeln psychischen Erlebens. Der Mensch erscheint darin in seinem Empfinden – bis hin zu seiner Sexualität und Körperlichkeit – mit gesellschaftlichen Umständen verwoben. In seinen genaueren Ausführungen, wie beispielsweise zur weiblichen Geschlechtsidentität, griff Freud zwar in manchen Bereichen inhaltlich daneben, aber sein methodischer Ansatz öffnete den Weg zum Verständnis der gesellschaftlichen Verfaßtheit der Psyche. Mit Hilfe von Freuds Psychoanalyse kann gewissermaßen gezeigt werden, wie die Gesellschaft in die Individuuen hineinwirkt. Aus diesem Grund machten sich auch gesellschaftskritische Sozialphilosophen des Frankfurter Instituts für Sozialforschung wie MAX HORKHEI-

MER, THEODOR W.ADORNO, HERBERT MARCUSE oder ERICH FROMM die Freud'sche Psychoanalyse zu eigen. Sie gingen vom marxistischen Ansatz aus, daß gesellschaftliche Bedingungen einen ideologischen »Überbau« schaffen, der das Erleben und Handeln der Menschen bestimmt. MARX konnte nicht zeigen, wie das funktioniert – dafür fehlte ihm das psychologische Wissen. Mit Hilfe der Freud'schen Psychoanalyse konnten nun die Sozialwissenschaftler der **Frankfurter Schule** neuen Fragestellungen nachgehen (in den berühmten *Studien zum autoritären Charakter*), wie beispielsweise die Gesellschaft bestimmte psychische Strukturen, die zur Aufrechterhaltung des Herrschaftssystems beitragen, auch bei den Benachteiligten bedingt.

3.2   Das Erbe Freuds

Die Nachfolger FREUDS entwickelten die Psychoanalyse in verschiedene Richtungen weiter. Vor allem der Name C.G. JUNG ist dabei einem breiten Publikum bekannt. JUNG verließ den kritischen Ansatz Freuds, indem er die Bedeutung der Sexualität und gesellschaftlichen Bedingtheit des Unbewußten verwischte und dem psychischen Erleben mystische Urgründe – sogenannte **Archetypen** – zugrunde legte. Er stand dabei der nazionalsozialistischen Ideologie sehr nahe. Heutzutage kann Jungs Theorie dem Bereich »Esoterik« zugeordnet werden, wo sie große Popularität genießt.

In der Zeit des Nationalsozialismus fielen FREUDS Schriften den Bücherverbrennungen zum Opfer, und während dem zweiten Weltkrieg gingen die meisten europäischen Psychoanalytiker nach Amerika. Dort wurde der subversive Gedanke der Psychonalyse weitgehend an **rein medizinische Vorstellungen** vom Menschen angepaßt. Die kulturtheoretische Perspektive, in deren Zentrum die gesellschaftliche Verfaßtheit des Unbewußten steht, wurde zugunsten eines technischeren Menschenbildes entschärft. Das Bewußtsein rückte wieder mehr in den Vordergrund, und es entstand die **Ich-Psychologie**. Den Angelpunkt der Seele stellt darin ein kontrollierendes Ich dar, das wie ein Reiter auf dem Triebhaftem sitzt und das Unbewußte wie einen heißblütigen, widerspenstigen Gaul zu zähmen hat.

Einen weiteren Zweig der Psychoanalyse bilden die Objektbeziehungs- und die Selbsttheorie. Die **Objektbeziehungstheorie**, deren führendster Vertreter der vielleicht zur Zeit bekannteste Psychoanalytiker OTTO F. KERNBERG ist, rückt die innerpsychische Repräsentation wichtiger Bezugspersonen in den Vordergrund der seelischen Entwicklung. Das frühe Erleben zwischenmenschlicher Beziehungen spiegelt sich dabei in innerpsychischen »Objektbeziehungen« wieder und bildet dadurch so eine Art Folie im Erleben späterer Beziehungen. Die **Selbsttheorie** – begründet von HEINZ KOHUT – geht von ähnlichen Vorstellungen aus und rückt zusätzlich den Begriff eines »Selbst«, als die Quelle aller Antriebe, in den Mittelpunkt der Psyche.

Eine sehr interessante Fortführung der **Freud'schen Triebtheorie** bildet die aus Frankreich kommende **poststrukturalistische Psychoanalyse** – begründet von JAQUES LACAN. Sie verbindet sprachwissenschaftliche Betrachtungsweisen mit einem Begriff des Unbewußten. Das Unbewußte gilt hier als eine Sprache, als etwas Flüssiges – als ein Begehren, das sich auf andere Menschen bezieht. Die poststrukturalistische Psychoanalyse beschreibt besonders deutlich die soziale Verfaßtheit der Psyche, indem sie die Triebe nicht biologisch, sondern als durch und durch von sozialen Wünschen bestimmt begreift. Keinerlei seelischer Winkel oder psychischer Faktor wird hier angenommen, der unabhängig von sozialer Bezogenheit verstanden werden kann. Sie kritisiert auch am radikalsten die traditionellen Vorstellungen eines autonomen Bewußtseins. Im Zentrum der Theorie steht dabei das Erleben der Differenz zu anderen Menschen, das eine Tragödie des Lebens bildet und Sprache bis ins Innerste existentiell notwendig macht.

Ein besonders interessantes Thema der Psychoanalyse ist die Entwicklung der Geschlechtsidentität und des Geschlechterverhältnisses. Im Hinblick auf Fragen zur geschlechtsspezifischen Sozialisation mußten viele Vorstellungen der Psychoanalyse verändert werden. Mit Hilfe des **Feminismus** wurde erkannt, daß viele Modelle der Psychoanalyse so tun, als wären gesellschaftlich hergestellte Ungerechtigkeiten zwischen Männern und Frauen in Wirklichkeit keine Mißstände, sondern die natürliche Folge psychischer Gesetzmäßigkeiten. Ein weit verbreitetes psychoanalytisches Modell besagt z. B., daß sich Jungen im Alter von 4-5 Jahren radikal aus der intensiven Beziehung zur Mutter losreißen müßten, um »richtige Männer« werden zu können. Heute weiß man, daß die männliche Sozialisation meistens so abläuft, aber daß dies nicht so sein muß. Der beschriebene Mechanismus ist Ausdruck einer gesellschaftlich verankerten Abwertung von Weiblichkeit und kein Naturgesetz. Er führt zur Unterdrückung von Frauen sowie Gefühlsverhärtung bei Männern und schafft damit die Voraussetzungen für seine ständige Wiederholung – solange er nicht durchschaut wird und seine Bedingungen verändert werden.

Die Anfänge der Psychoanalyse und deren klassische Fortführungen verschleierten noch weitgehend die gesellschaftliche Benachteiligung von Frauen. Methodisch lieferte zwar schon SIGMUND FREUD das Rüstzeug, um die psychischen Mechanismen aufzudecken, die zur Aufrechterhaltung des ungerechten Geschlechterverhältnisses führen, doch inhaltlich zeigten sich deutliche Mängel seiner Theorie. FREUDS Modelle zur psychischen Entwicklung des Kindes beziehen sich streng genommen nur auf Jungen, und seine Vorstellungen zur weiblichen Identität waren stark von seinen eigenen männlichen Phantasien geprägt. Aus feministischer Sicht wird von daher an vielen psychoanalytischen Vorstellungen Kritik geübt. Um aber gerade das kritische Potential der Psychoanalyse zur Aufhellung des Geschlechterverhältnisses nutzen zu können, ohne den teilweise frauenfeindlichen Vorstellungen auf den Leim zu gehen, wurde der psychoanalytische mit dem feministischen Ansatz verbunden. Es entstand die **feministische Psychoanalyse**, welche mit so manchen starren psychoanalytischen Vorstellungen aufräumt. Zu nennen ist hier vor allem die amerikanische Psychoanalytikerin JESSICA BENJAMIN, die neuen Wind in die Psychoanalyse bringt, indem sie die Möglichkeit zwischenmenschlicher Anerkennung in einer bisher noch nicht dagewesenen Art ins Zentrum der psychoanalytischen Theorie stellt.

Die Forschung zum Geschlechterverhältnis bietet einen besonders interessanten und lohnenden Bereich der Psychologie – zum einen wegen seiner unmittelbaren gesellschaftlichen Relevanz, und nicht zuletzt, weil sich die darin stattfindenden Auseinandersetzungen auf dem vielleicht zur Zeit höchsten theoretischen Niveau der Sozialwissenschaften bewegen.

3.3   Psychoanalyse und Hochschulen

Auffällig ist, daß die Psychoanalyse in der akademischen Psychologie mittlerweile nur noch eine **randständige Rolle** spielt, obwohl sie in der Öffentlichkeit die bekannteste psychologische Disziplin ist. Nur an wenigen Universitäten wird Psychoanalyse fundiert gelehrt, und es ist möglich, daß sie weitgehend aus der akademischen Landschaft verschwinden wird. Das Rüstzeug für eine kritische Auseinandersetzung mit dem oft sehr widersprüchlichen Gedankengut der Psychoanalyse müssen sich Studierende der Psychologie dann überwiegend außerhalb der psychologischen Institute holen. Dieser Entwicklung liegen politische Kämpfe zugrunde, die sich auf die Hochschulen auswirken.

Die Psychoanalyse kann das **radikalste methodische Instrumentarium** bereitstellen, um psychologische Gesellschaftskritik zu betreiben – weil sie den Zusammenhang zwischen gesellschaftlichen Verhältnissen und individueller Psyche am »tiefsten« nachvollziehen kann. Sie reflektiert, welche psychischen Beschädigungen bestimmte gesellschaftliche Umstände hervorrufen. Im Therapiebereich arbeitet sie mit Methoden und Zielsetzungen, die weniger auf eine schnelle Manipulation psychischer Auffälligkeiten in Richtung bestimmter Vorstellungen von psychischer Gesundheit, sondern auf seelische Emanzipation hinauslaufen.

Der Ausdünnung des psychoanalytischen Lehrangebots an Universitäten liegen keine wissenschaftlichen Schwächen zugrunde, sondern **politische Bestrebungen**, die psychologischen Disziplinen hinsichtlich eines möglichst reibungslosen Ablaufs gesellschaftlicher und wirtschaftlicher Fortschritte gleichzuschalten. Für den Erhalt dieses reibungslosen Ablaufs ist die Psychologie mittlerweile unentbehrlich geworden – die Psychoanalyse erscheint dabei jedoch als zu sperrig und unrentabel für die Investition von Hochschulgeldern.

4. Grundlagenfächer

Die Grundlagenfächer sind Bestandteil des Grundstudiums und werden im Vordiplom geprüft. Sie werden von Uni zu Uni unterschiedlich detailliert behandelt und können zum Teil im Hauptstudium in Zusammenhang mit entsprechenden Anwendungen schwerpunktmäßig vertieft werden. Hier wird nur ein knapper Einblick in zentrale Gegenstände und Modelle dieser Fächer gegeben.

4.1 Biologische Grundlagen

4.1.1 Humangenetik

Humangenetik kennen wahrscheinlich die meisten LeserInnen schon aus der Schule. Im wesentlichen geht der Stoff im Studium hier kaum über das Niveau der Schule hinaus. Allerdings werden bestimmte genetisch bedingte Krankheitsbilder oder Behinderungen detaillierter behandelt.

Von Behinderungen und Erbkrankheiten abgesehen, stellt sich auch die Frage, wieviel Einfluß die Gene grundsätzlich auf die Psyche haben. Kann »Charakter« beispielsweise vererbt sein? Die Meinungen gehen hier stark auseinander. Anregungen lieferte in diesem Zusammenhang die Erforschung von **eineiigen Zwillingen**, die spätestens ab dem 3. Lebensjahr unter verschiedenen Umständen aufwuchsen. Im Bereich der Intelligenz wurden Korrelationen gemessen. Es fiel auch auf, daß die Zwillinge manchmal gleiche Hobbys oder andere gleiche Vorlieben entwickelt haben. Das gibt zu denken. Allerdings stechen hier die Gemeinsamkeiten mehr ins Auge als die Unterschiede. Zudem muß beachtet werden, daß der Umwelteinfluß in der frühesten Lebensphase, in der die Zwillinge noch gemeinsam aufwuchsen, für die psychische Entwicklung äußerst entscheidend ist.

Der Blick auf die Erbanlagen zeigt für die Psychologie im allgemeinen relativ wenig Brauchbares. Man denke beispielsweise an den Unterschied zwischen den Geschlechtern. Die Verschiedenheit von männlichem und weiblichem Erleben reicht weit über körperliche Bedingungen hinaus. Über die biologischen Gründe der psychischen Geschlechterdifferenz läßt sich nur mutmaßen.

Zusammenfassend kann man sagen, daß sich die Aussagekraft genetischer Modelle für tiefreichende psychische Phänomene, wie beispielsweise »Charakter« nur im Bereich der **Spekulation** bewegen kann. Verglichen mit der letztendlich unfaßbaren Komplexität der menschlichen Psyche sind die genetischen Modelle prinzipiell zu einfach.

4.1.2 Physiologie (Biologische Psychologie)

Physiologie ist die biologische Wissenschaft von den Organen, den Nerven und den Hormonen. Ganz allgemein kann man sagen: Die Physiologie beschäftigt sich mit den Vorgängen im Körper. Die größte Bedeutung hat die Physiologie dabei selbstverständlich in der Medizin. Aufgrund des Zusammenhangs zwischen Körpervorgängen und psychischem Erleben kommt der Physiologie nun auch eine psychologische Bedeutung zu. Im Zentrum des Interesses stehen dabei das *Gehirn* und die *Nerven* – die Gegenstände der **Neurophysiologie**. Sie ist gewissermaßen das Herzstück der **Biologischen Psychologie**. Da Nerven und Gehirn aber schließlich nicht isoliert vom ganzen Körper funktionieren, werden in der Biologischen Psychologie auch Themengebiete wie beispielsweise *Hormonhaushalt, Herz-Blut-Kreislauf, Immunsystem, Atmung, Verdauung, Muskeln* oder *Sinnesorgane* behandelt.

Die psychologischen Themengebiete, die in erster Linie von der Physiologie berührt werden, sind **allgemeinpsychologische** wie beispielseise *Bewußtsein*, *Aufmerksamkeit*, *Denken*, *Gedächtnis*, *Motivation* oder *Emotionen*.

Grundsätzlich kann mit der Physiologie psychologisch in zwei Richtungen geforscht werden:

❯ Die Erforschung psychischer Prozesse in Abhängigkeit von körperlichen Vorgängen (z. B. die Wirkung einer Droge auf die Psyche)

❯ Die Erforschung körperlicher Vorgänge in Abhängigkeit von psychischen Prozessen (z. B. die Wirkung von Angst auf den Herzschlag)

Wie gesagt, im Mittelpunkt des Interesses stehen das Gehirn und die Nerven. Da Gehirn und Rückenmark das Zentrum des gesamten Nervensystems darstellen, werden sie zusammengenommen **ZNS** (zentrales Nervensystem) genannt. Die Nerven, die vom ZNS abzweigen, bilden das **PNS** (peripheres Nervensystem), und jene, die beispielsweise Herz, Kreislauf, Atmung oder Drüsen zum Teil unabhängig vom ZNS steuern, werden als **AS** (autonomes bzw. vegetatives Nervensystem) bezeichnet.

Das ganze Nervensystem ermöglicht und reguliert einen *hochkomplexen Informationsaustausch* im Körper. Es ist verbunden mit »Fühlern« – den **Rezeptoren** – und mit »ausführenden Organen« – den **Effektoren**. Dazwischen arbeitet das ZNS als wichtigste Schaltzentrale. Seine Aufgabe ist die **Informationsverarbeitung**.

Um den hochkomplexen Mechanismus des zentralnervösen Funktionszusammenhangs ein wenig zu begreifen, muß man zunächst den *anatomischen Bau des Nervensystems* betrachten. Weiterhin müssen die *elektrochemischen Vorgänge* in den Nerven bei der Informationsweiterleitung in Betracht gezogen werden. Und nicht zuletzt sind die *biochemischen Stoffwechselprozesse* bei der Informationsübermittlung an den kleinsten nervösen Schalteinheiten zu untersuchen. Diese kleinsten Schalteinheiten des Nervensystems sind die sogenannten **Synapsen**. Sie finden sich an allen entscheidenden Stellen des Nervensystems, insbesondere im Gehirn. Synapsen übersetzen elektrische Signale in biochemische und umgekehrt biochemische wiederum in elektrische.

Anwendungstechnisch ist die Erforschung von Synapsen vor allem für die **Psychopharmakologie** von Interesse. Medikamente oder Drogen können mehr oder weniger gezielt auf den biochemischen Stoffwechsel an Synapsen einwirken und dadurch psychische Effekte erzielen. Man denke beispielsweise an Schlaf- oder Aufputschmittel. Die medikamentösen Wirkstoffe müssen dabei durch die sogenannte »Blut-Hirn-Schranke« dringen und können dann an den Synapsen wirken. Die Synapse erhält dadurch falsche Informationen über den Ablauf der biochemischen Informationsübertragung und spielt dann in der beabsichtigten Weise verrückt.

Da die Funktionsweise des Nervensystems hauptsächlich darin besteht, Informationen zu verarbeiten, wird dessen Oberschaltzentrale – das Gehirn – gerne mit **Computern** verglichen. Der Vergleich ist sinnvoll, weil dadurch Erkenntnisse für den Fortschritt in der Computertechnologie gewonnen werden. Man versucht gewissermaßen, dem Gehirn ein paar Tricks abzuschauen. Vor allem die Kognitionswissenschaften (d. h. auch die Kognitive Psychologie, vgl. Abschn. 4.2.3) sind hier sehr interessiert. Das Ziel der Forschung in diesem Bereich ist die Entwicklung und Anwendung sogenannter **künstlicher Intelligenz**. Das ist keine Utopie mehr.

Trotzdem hinkt der **Vergleich zwischen Computer und Gehirn** stark:

Während die *Baustoffe* eines Computers aus relativ einfachen Substanzen bestehen, finden sich im Gehirn äußerst komplizierte molekulare Verbindungen. Mittlerweile holt hier die Computertechnologie aber auf und forscht an Prozessoren, die auf komplexer Eiweißbasis funktionieren.

Auch an *Komplexität* ist das Gehirn dem Computer noch weit überlegen. Ein moderner PC besteht derzeit aus maximal 100 Millionen Schaltelementen – das Gehirn aus 10-15 Milliarden. Zusätzlich ist das Gehirn wesentlich komplexer vernetzt. Jede Nervenzelle ist mit bis zu mehreren tausend anderen Nervenzellen verbunden.

Das Gehirn *arbeitet anders* als der Computer. Der Computer funktioniert nach festgelegten Programmen. Jeder Zustand des Systems ist dabei »Stück für Stück« durch den Rechenvorgang festgelegt, und jedes Ergebnis wird an einem bestimmten Platz gespeichert. Das Gehirn ist wesentlich flexibler. In ihm existiert keine starre Trennung zwischen Rechenwerk und Speicher. Außerdem reagieren die neuronalen Netze nicht »Stück für Stück«, sondern als Ganzes (durch elektrische Schwellenveränderungen an vielen Synapsen gleichzeitig). Das bedeutet, daß ein möglicher Ausfall von Einzelelementen den Arbeitsprozeß im wesentlichen nicht beeinträchtigt. Fällt im Computer ein einzelnes Element aus, leidet der ganze Arbeitsvorgang darunter eklatant bis hin zum Zusammenbruch. Im Gehirn wird dadurch höchstens die maximale Leistungsfähigkeit ein wenig herabgesetzt.

Der vielleicht interessanteste Unterschied zwischen Gehirn und Computer besteht darin, daß der Computer *keinen Körper* hat. In der Diskussion um die Grenzen der künstlichen Intelligenz wird dieser Tatsache neuerdings besonders viel Gewicht beigemessen. Der körperlose Computer hat nichts zu verlieren. Ohne Körper gibt es keine Gefühle, und damit keine Angst, kein emotionales Risiko, keine Zufriedenheit, kein Glück und keine Überraschung.

4.2   Allgemeine Psychologie

Allgemeine Psychologie nimmt in der Regel den breitesten Raum im Grundstudium ein. Man kann auch sagen, die Allgemeine Psychologie sei das Kernstück der akademischen Psychologie. In ihr finden sich klassische Untersuchungsgegenstände wie *Wahrnehmung*, *Bewußtsein*, *Lernen*, *Gedächtnis*, *Denken*, *Motivation* und *Emotion*. Gemäß dieser Gegenstände gliedert sich die Allgemeine Psychologie in entsprechende Teildisziplinen. Im Anschluß werden diese Teildisziplinen nacheinander kurz vorgestellt, wobei immer gesehen werden muß, daß jede mit den anderen verflochten ist.

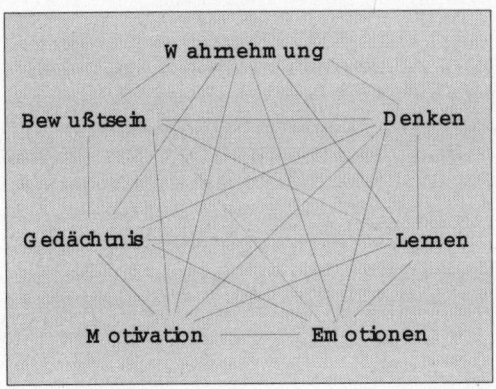

Gemeinsam ist allen Teildisziplinen, daß sie die Psyche prinzipiell als eine **Funktionseinheit** betrachten, die äußerlich mit der Umwelt verbunden ist. Daraus erklärt sich die begrenzte Reichweite der Allgemeinen Psychologie hinsichtlich einer umfassenden Erforschung der menschlichen Lebenswelt. Die bis ins Innerste reichende soziale Verfaßtheit des Menschen entzieht sich den gängigen Herangehensweisen der Allgemeinen Psychologie. Dafür liefert sie aber detaillierte Erkenntnisse über technisch bedeutsame Funktionsweisen der Psyche. Insbesondere die Kenntnis psychischer Mechanismen der Informationsverarbeitung sind hier von Bedeutung. Man denke nur an mögliche Anwendungen, wie die immer wichtiger werdende Interaktion von Mensch und Maschine. Die Entwicklung komfortabler und effektiver Benutzeroberflächen für Computersoftware wäre beispielsweise ohne Allgemeine Psychologie undenkbar. Doch nicht nur für die Computertechnologie ist Allgemeine Psychologie von Interesse. Auch andere Bereiche wie z. B. die Pädagogik arbeiten mit allgemeinpsychologischen Kenntnissen. Unter Berücksichtigung von Lerngesetzen und motivationspsychologischen Erkenntnissen kann beispielsweise Wissenserwerb so konzipiert werden, daß Schülern so manche altmodische Quälerei erspart bleibt. Insgesamt läßt sich über die Allgemeine Psychologie sagen, daß sie **Bausteine menschlichen Erlebens und Verhaltens** erforscht und deren Zusammenwirken untersucht. Sehen wir uns die entsprechenden Bausteine der Allgemeinen Psychologie ein wenig genauer an.

4.2.1 Wahrnehmungspsychologie

Menschen nehmen ständig irgend etwas wahr. Das ist so selbstverständlich, daß normalerweise gar nicht darauf geachtet wird. Wie sehr der Mensch darauf ausgerichtet ist, laufend wahrzunehmen, zeigt sich am eindrucksvollsten, sobald die Möglichkeit zur Wahrnehmung nicht mehr vorhanden ist. Es gibt dafür einen sehr interessanten Versuch, wobei dem Bewußtsein der Versuchspersonen gewissermaßen das Futter von außen entzogen wird. Die Versuchspersonen werden dazu in einen ganz speziellen Raum »eingeladen«. Dieser Versuchsraum besteht aus einer Tonne, in der sich hochkonzentriertes Salzwasser befindet. Zudem ist der Raum vollständig gegen Licht und Geräusche abgedichtet. Die Versuchspersonen können in dem Salzwasserbad wie im Toten Meer schwimmen, ohne sich bewegen zu müssen. Über die Haut spüren sie dabei entsprechend wenig. Außerdem sehen sie nichts, und bis auf ein leises Plätschern hören sie nichts. Riechen können sie auch nichts. Man sagt, sie sind **reizdepriviert**. Das heißt, die Versuchspersonen können so gut wie nichts mehr von außen wahrnehmen. Aufgrund dieses extremen Reizentzugs passiert nach einiger

Zeit nun etwas sehr interessantes: Die Versuchspersonen fangen an zu halluzinieren. Sie sehen, hören, riechen, schmecken und spüren Sachen, die gar nicht da sind. Das Bewußtsein gleicht dadurch den Mangel an äußeren Sinneseindrücken von innen her aus. Es versteht sich von selbst, daß solch ein Zustand des Erlebens natürlich nur für kurze Zeit zumutbar ist. Auf Dauer würde jeder verrückt werden.

Das Beispiel zeigt, wie sehr Wahrnehmungsprozesse mit dem Bewußtsein verbunden sind. Nun stellt sich die Frage: Wo hört die Wahrnehmung auf, und wo fängt das Bewußtsein an? Eine schwierige Frage. Früher ging man von einem ganz einfachen Modell aus. Man glaubte, die Wahrnehmung schaufele Informationen von außen ins Bewußtsein, in dem dann ein Miniaturabbild der Außenwelt nachgebildet wird. Mittlerweile weiß man, daß dieses Modell in zweifacher Hinsicht nicht stimmt:

(1) Die Aufgabe der Wahrnehmung besteht nicht nur im Schaufeln von Informationen. Vielmehr wird **bereits im Wahrnehmungsprozeß Information verarbeitet**. Zu dieser Erkenntnis verhalfen Entdeckungen im Forschungsfeld der Sinnesphysiologie. Wenn man beispielsweise die Netzhaut des Auges untersucht, kann man feststellen, daß dort bereits Informationsverarbeitung stattfindet. Die eintreffenden Reize werden gezielt und variabel in hochkomplexe Erregungsmuster verwandelt. Fehlende Reize können ergänzt werden, starke Reize können abgeschwächt werden, schwache können »frisiert« werden, usw. Was das Auge ans Gehirn abschickt, ist also viel mehr als eine starre Umwandlung von Licht in Nervensignale. Salopp gesagt kann man behaupten, das Auge sei bereits ein »denkendes« Organ.

(2) **Wahrnehmung ist konstruktiv**. Die Wahrnehmung liefert kein Nachbild der Außenwelt. Sie zeichnet die Umgebung nicht ab, sondern läßt sich selbst einiges dabei einfallen. Wahrnehmung nimmt Wirklichkeit nicht nur in die Psyche auf, sondern sie gestaltet diese auch deutlich selbst mit. Das Auge beispielsweise funktioniert nicht wie ein Fotoapparat. Während das Innere der Kamera geduldig darauf wartet, sich von der Energie des Lichts treffen zu lassen, um dann auf dem Fotopapier entsprechende chemische Prozesse ablaufen zu lassen, tritt das Auge selbst in Aktion. Die Kamera hat keinen eigenen Einfluß auf das Bild – das Auge schon. Wahrnehmung ist im Unterschied zur reinen Abbildung also eine Konstruktion der Wirklichkeit.

4.2.2 Bewußtseinspsychologie

Das menschliche Bewußtsein ist vielleicht der populärste und der faszinierendste Gegenstand der Psychologie. Man denke an Phänomene der *Bewußtseinsveränderung* unter Drogeneinfluß, Hypnose, Meditation, an Berichte über spirituelle Erlebnisse oder die Erzählungen von Leuten, die schon als klinisch tot galten. Von jeher interessierten sich die Menschen für Veränderungen in ihrem bewußten Erleben durch besondere Erfahrungen. Bereits Kinder experimentieren mit ihrem Bewußtsein, wenn sie sich beispielsweise auf den Kopf stellen oder drehen, bis es ihnen schwindlig wird. Viele Erwachsene berauschen sich mit Drogen oder suchen Grenzerfahrungen im Bereich der Extremsportarten. Es geht um »den Kick im Kopf«, um den »Flash«, den sich viele durch die Nadel oder durch den Bungee-Sprung in die Tiefe holen. Manche finden ihn in der Einsamkeit und der körperlichen Strapaze beim Bergsteigen oder im stundenlangen Tanz beim Techno-Rave. Andere wiederum sind gar nicht froh, wenn ihr Bewußtsein verrückt spielt. Gemeint sind *Bewußtseinsstörungen*, die durch hirnorganische Schäden, Krankheiten oder durch extremes psychisches Leiden verursacht sind. Doch nicht nur spektakuläre Bedingungen verändern Bewußtseinszustände. Eine ganz bestimmte Bewußtseinsveränderung erleben wir jeden Tag: den Schlaf. Im Schlaf sinkt unsere **Aufmerksamkeit** für äußere Reize beträchtlich, und wir tauchen in die Welt der Träume ab. Nicht gleich, aber ähnlich geht es uns unter Hyonose, in Trance oder in tiefen Entspannungszuständen. Wir verlassen unsere gewohnte Wirklichkeit und genehmigen unserem Ich gewissermaßen psychischen Urlaub. **Strukturen des Bewußtseins**, die unser Erleben ordnen und zusammenhalten, die uns handlungsfähig machen und uns soziale Beziehungen ermöglichen, werden mehr oder weniger stark gelockert. Das Ergebnis kann Entspannung, spielerische Wahrnehmung, hilfreiche Erkenntnis, Verblendung, Wahn oder auch blanker Horror sein.

Im Unterschied zu den beschriebenen außergewöhnlichen Bewußtseinszuständen ist das *alltägliche Bewußtsein* so organisiert, daß unsere erlebte Wirklichkeit mit der Realität gut zusammenpaßt. Diese Leistung des Bewußtseins bewahrt uns davor, zu oft auf die Nase zu fallen. Ohne Bewußtsein könnten wir nicht überleben. Es hat die Aufgabe, die unglaubliche Vielfalt an ständig einströmenden Wahrnehmungen, Vorstellungen und Erinnerungen unter ein sinnvolles psychisches Dach zu bringen. Das Bewußtsein hat normalerweise eine stabile Struktur und funktioniert äußerst flexibel. Im wesentlichen erfüllt es seine Aufgabe durch **3 Funktionen**:

▶ Es *verringert* die Menge an einströmender Information, indem es zwischen wichtigen und unwichtigen auswählt. Z. B. ermöglicht es uns, auf einer lauten Party miteinander zu reden. Es hebt die wichtigen Stimmen in den Vordergrund und läßt den Rest zum bedeutungslosen Rauschen werden.

▶ Es *unterteilt* die ankommende sowie die schon vorhandene Information. Es schafft Ordnung, damit wir gezielt Informationen auswählen können, und ermöglicht uns Überblick.

▶ Es erlaubt uns, auf *Erinnerungen* zurückzugreifen, um mit neuen Informationen möglichst sinnvoll umgehen zu können. Dadurch ermöglicht es uns auch gezielte Handlungsplanung.

Nun darf man sich das Bewußtsein aber nicht so vorstellen, als wäre es ein separat und immer gleich funktionierendes Bauteil in unserem Kopf. Es ist verbunden mit unseren Wahrnehmungen, Gedanken, Erinnerungen, Wünschen, Gefühlen und Handlungen. Unser Bewußtseinszustand ist von all diesen psychischen Phänomenen ständig abhängig und verändert sich dementsprechend auch im Alltag – in der Regel nur nicht so spektakulär wie beim Bungee-Jump oder im Ecstasy-Rausch.

4.2.3 Kognitive Psychologie

Die Kognititive Psychologie dürfte derzeit und auch in absehbarer Zukunft die Hauptstraße der Psychologie sein. Fast alle psychologischen Disziplinen zweigen mehrspurig dorthin ab. Sie ist der High-Tech der Psychologie. Diesen Status erhält sie, weil sie für das technologisch immer wichtiger werdende Problem **Informationsverarbeitung** einen äußerst interessanten Gegenstand erforscht: **Denken**. Denken ist der komplexeste Prozeß der Informationsverarbeitung, den wir kennen. Die Kognitive Psychologie liefert von daher wertvolle Beiträge für die jüngste Wissenschaft, die es gibt: die **cognitive science**. Cognitive science ist ein neugeschaffenes interdisziplinäres Forschungsfeld, das mit Hilfe vieler Einzelwissenschaften wie Psychologie, Anthropologie, Neurowissenschaften, Philosophie, Linguistik und Informatik immer leistungsfähigere Modelle der Informationsverarbeitung erarbeitet. Die Kognitive Psychologie ist die »Königin« der cognitive science. Insbesondere die Computertechnik bedient sich den Erkenntnissen der cognitive science. Der Weg zur Entwicklung sogenannter »Künstlicher Intelligenz« wurde hier schon beschritten.

Und auch im Therapiesektor spielt Kognition bzw. Denken eine führende Rolle. Psychisches Leiden wird hier als »falsche« Informationsverarbeitung begriffen, die psychotherapeutisch korrigiert werden kann.

Wie untersucht nun die Psychologie das Denken? Denken kann man nicht beobachten. Folglich müssen sich die PsychologInnen etwas einfallen lassen, damit das Unsichtbare sichtbar wird. 3 Methoden sollen kurz vorgestellt werden:

◗ *Introspektion und lautes Denken*: Introspektion heißt in sich hineinschauen. Die Versuchsperson versucht selbst nachzuvollziehen, wie und was sie denkt, um es dann mitzuteilen. Ähnlich funktioniert das laute Denken. Die Versuchsperson beschreibt mündlich, was sie tut, während sie eine Aufgabe zu lösen hat. Leider sind die meisten Bereiche des Denkens der Introspektion kaum zugänglich.

◗ *Beobachtung des Verhaltens*: Durch gezielte Beobachtung des Verhaltens kann man beispielsweise bei Säuglingen herausfinden, zu welchen Denkleistungen sie bereits fähig sind.

◗ *Messen von Gehirnwellen*: Beim Denken entstehen im Gehirn elektrische Ströme, die gemessen werden können. Dabei hat man herausgefunden, daß bestimmte Gehirnwellen in Zusammenhang mit bestimmten Denkprozessen stehen. Beispielsweise sind die Gehirnströme beim Lesen des letzten Wortes eines Satzes wie »Sie bestellte zum Mittagessen einen rostigen Nagel« deutlich höher, weil das Wort in diesem Zusammenhang überraschend ist.

Ein wesentliches Ziel der Kognitiven Psychologie besteht darin, herauszufinden, wie unser Denken aufgebaut ist. Sie arbeitet dabei mit unterschiedlichen Modellen, in denen man sich Muster vorstellt. Die Muster können auch gespeichert und wieder aufgerufen werden, womit wir bei der nächsten Teildisziplin der Allgemeinen Psychologie wären.

4.2.4 Gedächtnispsychologie

Das Gedächtnis ist auf's engste mit dem Denken verknüpft. In der Sprache der Kognitiven Psychologie ist das Gedächtnis ein **aktives kognitives System**, das Information *enkodiert*, *speichert*, *modifiziert* und wieder *abruft*. Aus dieser Definition geht hervor, daß das Gedächtnis völlig anders als z. B. eine Festplatte funktioniert. Während eine Festplatte kommentarlos Daten aufnimmt ohne sie anzurühren, entscheidet das Gedächtnis selbst, was es wie speichern will. Es schichtet die Informationen um, verweigert manchmal den Zugriffscode und interpretiert sein Material. Der deutlichste Unterschied zwischen Festplatte und Gedächtnis besteht wohl in dem, was manchmal Leid und manchmal Segen sein kann: *Das Vergessen.* Jeder kennt die Launen seines Gedächtnisses und muß z. B. in Prüfungen häufig am eigenen Leib erfahren, daß das Gedächtnis kein seelenloser Datenträger ist. Der lebendigen Funktionsweise des Gedächtnisses ist man allerdings nicht so sehr ausgeliefert, wenn man dessen Vorlieben berücksichtigt. Sehen wir uns deshalb die wesentlichen Arbeitsetappen für das Gedächtnis an:

(1) **Enkodierung**: Bei der Enkodierung übersetzt das Gedächtnis eintreffende Signale in einen einzigartigen Code. Dabei kann es mehrere Signale zusammenbinden. Das heißt, daß beispielsweise ein schriftlicher Text in Zusammenhang mit allen möglichen Sinneseindrücken enkodiert werden kann. Auch Vorstellungen und Gefühle können dabei miteingebunden sein. Der Text erhält im Gedächtnis gewissermaßen eine Menge von Ettiketten. Je vielfältiger der schriftliche Text bei der Enkodierung mit anderen Eindrücken zusammengebunden bzw. etikettiert wird, um so haltbarer kann er dann gespeichert werden.

(2) **Speicherung und Modifikation**: Wie die Speicherung von Information im Gedächtnis abläuft, ist noch nicht so ganz klar. Allerdings gibt es Forschungsergebnisse, die darauf hindeuten, daß die Speicherung mit biochemischen Prozessen an Synapsen, Proteinen und Hormonen des ZNS zusammenhängt. Sicher weiß man, daß das Speichern um so besser funktioniert, je häufiger die gespeicherte Information benutzt wird. Außerdem dichtet das Gedächtnis zur »reinen« Information einiges hinzu. Hatte beispielsweise der Mörder in Hitchcocks »Psycho« ein Messer? Er hatte keines. Doch die meisten Zuschauer erinnern sich an ein Messer.

(3) **Abruf**: Beim Abruf von Gedächtnisinhalten werden Informationen aus dem Speicher geholt. Wie das genau geschieht, ist auch noch relativ unklar. Aber man weiß zumindest, daß es sich dabei um einen äußerst komplexen und sensiblen Prozeß handelt. Wer kennt nicht die Momente, in denen einem etwas auf der Zunge liegt, aber nicht einfallen will. Der Abruf ist blockiert. Sinnvoll ist es, in solchen Momenten geistig an den Ort der Enkodierung zurückzugehen. Häufig findet sich dort ein »Passwort«. Erinnert man sich an Begleiterscheinungen während der Informationsaufnahme, kann sich die Abrufblockade unter

Umständen sofort auflösen. Man weiß auch, daß der Abruf am besten funktioniert, wenn die Begleitumstände beim Erinnern die gleichen wie während der Informationsaufnahme sind. Viele Studierende haben beispielsweise schon den fatalen Fehler gemacht, beim Lernen für eine Prüfung Aufputschmittel und kurz vor der Prüfung Beruhigungsmittel zu nehmen. Resultat: Völliger Blackout. Sie haben nicht bedacht, daß sie die Enkodierung und Speicherung ihres Lernstoffes an einen künstlich aufgeputschten psychischen Zustand binden, der durch die Beruhigungsmittel dann inclusive der Gedächtnisinhalte wie weggeblasen ist.

Man weiß über die Funktionsweise des Gedächtnisses noch relativ wenig, aber einig sind sich die meisten PsychologInnen darüber, daß es im wesentlichen **drei zusammenhängende Gedächtnissysteme** gibt:

▶ Das *sensorische Gedächtnis*: Es speichert flüchtige Sinneseindrücke für ca. ein bis zwei Sekunden. Ohne sensorisches Gedächtnis wäre es beispielsweise nicht möglich, diese Zeilen zusammenhängend zu lesen.

▶ Das *Kurzzeitgedächtnis*: Es behält Informationen für maximal 20 Sekunden, sofern sie keine besondere Aufmerksamkeit finden oder wiederholt werden.

▶ Das *Langzeitgedächtnis*: Hier können Information unter Umständen ein Leben lang gespeichert werden. Es beinhaltet unser Wissen.

Für eine langfristige Speicherung muß die Information der Reihe nach vom sensorischen Gedächtnis über das Kurzzeitgedächtnis in das Langzeitgedächtnis gelangen. Dabei wird die Information auf verschiedene Weise stets auch verarbeitet und modifiziert.

Die Tatsache, daß das Gedächtnis **Informationen aktiv verarbeitet**, ist der springende Punkt, durch den es sich von einer Festplatte unterscheidet. Natürlich versucht hier die Comutertechnologie, die Arbeitsweisen des menschlichen Gedächtnisses zumindestens ansatzweise nachzubilden. Die Computertechnologie hat auf diesem Weg schon erste Schritte unternommen. Von Gedächtnis kann jedoch nur dann die Rede sein, wenn es Wissen nicht nur erweitert, sondern auch **neu organisiert**. Ein kognitives System wie der menschliche Geist, der mit solch einer Fähigkeit ausgestattet ist, nennt man in der cognitive science ein **adaptives System**. In einem adaptiven System wird neue Information auf der Grundlage alter Information verarbeitet und entsprechend angepaßt. Wissen kann dadurch ständig weiterentwickelt werden, und ein Prozeß kommt in Gang, der uns allen vertraut ist: **Lernen**.

4.2.5 Lernpsychologie

Lernen ist in der Computertechnologie derzeit ein großes Thema. Prototypen lernender Computer bzw. Roboter beginnen bereits primitive selbstständige Lernschritte zu machen. Sie lernen beispielsweise, ein unordentliches Zimmer aufzuräumen, ohne daß ihnen vorher jeder »Handgriff« programmiert wurde. Angenehme und schreckliche Perspektiven tun sich da auf: Gegen einen elektrischen Butler hätte wahrscheinlich niemand etwas einzuwenden. Lernende Waffensysteme (die es in Ansätzen schon gibt) begeistern dagegen vermutlich nur Militaristen. Und die Vorstellung, künstliche Intelligenzen könnten klüger als die Menschen werden, gefällt wahrscheinlich gar niemandem mehr. Doch bis dahin ist, wenn überhaupt, noch ein langer Weg. Kommen wir also wieder zurück zum Menschen.

Lernen bildet in der Psychologie einen zentralen Gegenstand. Lernen ist eine grundlegende Fähigkeit der Psyche. Fast jedes Handeln und Erleben des Menschen ist prinzipiell durch **Erfahrung** veränderbar. So wie man von Entwicklung spricht, kann das Leben auch als ein ständiger Lernprozeß verstanden werden. Will man Lernen erforschen, stößt man allerdings auf ein unumgängliches Problem: Lernen kann genauso wie Denken nicht direkt beobachtet werden. In den Kopf der Lernenden läßt sich schlecht hineinschauen. Was wir genau sehen können, ist das, was jemand vor dem Lernschritt *macht* und was er danach *macht*. Im 19. Jhd. interessierte die Psychologie im wesentlichen der Inhalt des Kopfes. Man war auf der Suche nach Grundbausteinen des Bewußtseins und forschte überwiegend mit der Methode der Introspektion. Einer neuen Generation von PsychologInnen um die Jahrhundertwende wurde diese Art von Psychologie schließlich zu schwammig. Sie wollten nicht mehr spekulieren, sondern sich nur an das halten, was man auch wirklich sehen kann – nämlich das **Verhalten**. Von daher bezogen sich die neuen Lernmodelle ausschließlich auf das Verhalten. »*Verhalten ist beobachtbar – und sonst hat uns nichts zu interessieren.*« war jetzt die Devise der Lernpsychologie. Mit diesem starren Blick auf das Verhalten, unter Ausklammerung sämtlicher anderer Aspekte der Psyche, entstand die lange Zeit führende Richtung der Psychologie: der **Behaviorismus** – oder auch »Verhaltenstheorie« genannt. Begriffe wie beispielsweise »Erleben«, »Gefühl« oder gar »Freiheit« sind im Behaviorismus verboten. Sie gelten dort als schöngeistiger Quatsch. Wegen dieser doch deutlich reduzierten Sichtweise der Psyche begnügten sich die ersten Behavioristen in erster Linie auch mit ganz bestimmten »Versuchspersonen«: Tiere. Kritiker des Behaviorismus sprechen daher gerne polemisch von einer »Rattenpsychologie«. Sehen wir uns die zentralen Modelle des Behaviorismus kurz an:

Nur erlerntes, also auf Erfahrung beruhendes Verhalten ist von Interesse. Erfahrung erfolgt durch Reize aus der Umwelt. Ein Reiz hat eine Reaktion zur Folge. Der erste der neuen Generation – E.L. THORNDIKE – nannte dies das »Gesetz des Effekts«. Der Grundstein war gelegt. Das erste und einfachste Lernmodell war geboren: das sogenannte **Reiz-Reaktions-Modell**. Da Reiz im Englischen »Stimulus« genannt wird, kürzt man es auch so ab:

$S - R$

Auf der Grundlage dieses Modelles entwickelte der russische Psychologe P. PAWLOW sein Modell der **klassischen Konditionierung**. Wer kennt nicht den berühmten Pawlow'schen Hund? Wird dem (hungrigen) Hund Futter angeboten, fließt ihm im Maul das Wasser zusammen. Sein Speichelfluß ist der natürliche Reflex, die *nichtbedingte* Reaktion auf den Stimulus »Futtergabe«. In Pawlows Experiment wird dem Hund nun gleichzeitig zur Futtergabe ein Klingelzeichen präsentiert. Und siehe da: Nach mehrmaliger Wiederholung zeigt der Hund auch beim alleinigen Klingelzeichen ohne Futtergabe den Speichelreflex. Er hat gelernt: Wenn's klingelt, gibt's Futter. Diese nun *bedingte* Reaktion ist das erfolgreiche Ergebnis der Konditionierung. Der Hund ist auf »Klingeln« konditioniert.

Nun versteht sich von selbst, daß zwischen S und R beim Lernen irgendetwas im Innenleben der Psyche ablaufen muß. Von daher führte man eine dritte Variable ein: die sogenannte **Organismusvariable** O.

$S - O - R$

Doch was im Organismus beim Lernen passiert, können die klassischen Behavioristen nicht wissen. Sie können sich einfache schematische Vorstellungen davon machen, wie die Konditionierung funktioniert. Aber was genau im Inneren der Psyche vor sich geht, ist nicht ihr Gegenstand. Darüber enthalten sie sich konsequent jeglicher genaueren Annahme. Die Innenseite der Psyche verstehen sie von daher als eine **Black Box**. Irgend etwas geschieht beim Lernen in der Black Box, aber für ihren wissenschaftlichen Blick ist sie stockfinster. Die Leitfigur des Behaviorismus – J.B. WATSON – arbeitete diesen Gedanken dann schließlich zu einem ausführlich durchdachten psychologischen Programm aus.

Aufbauend auf Watsons Theorie erforschten weitere Behavioristen die Mechanismen der Konditionieung genauer. Man entdeckte, daß nicht nur Reize, wie beim Pawloschen Hund, konditioniert werden können, sondern auch ganze Verhaltensabläufe. So kam zur klassischen die sogenannte **instrumentelle Konditionierung** hinzu. Bevorzugte Studienobjekte waren Ratten. Unzählige Versuche mit Futtergabe, Stromschlägen und dergleichen wurden an ihnen durchgeführt. Dabei interessierten sich die Behavioristen im Laufe der Zeit doch wieder ein wenig mehr für das Innere der Psyche. Man wollte auch erfahren, was beim Lernen innerpsychisch passiert – ein bißchen Licht in die Black Box bringen. Phantasiereiche Experimente wurden dafür ersonnen. Was passiert beispielsweise im Organismus von Ratten, wenn sie lernen, zielgerichtet durch ein Labyrinth zu laufen? Wie und wo speichern sie das Wissen über das Labyrinth? Merken sie sich einfach nur die Bewegungen, die sie machen müssen, um ans Futter zu kommen, oder machen sie sich im Kopf ein Bild vom Labyrinth? Mit einem raffinierten Experiment wurde diese Frage geklärt: Erst ließ man die Ratten den Weg lernen. Und dann wurde das ganze Labyrinth unter Wasser gesetzt. Nun waren die Ratten gezwungen, schwimmend ans Ziel zu gelangen. Hätten sie nur die Laufbewegungen gelernt, wären sie nun auf dem Schlauch gestanden. Doch wer hätte es gedacht: Sie schwammen trotzdem zielsicher. Das heißt, sie haben sich beim Lernen im Kopf eine Art Landkarte vom Labyrinth angelegt. E.C. TOLMAN – der fortschrittlichste unter den klassischen Behavioristen – entwickelte in Zusammenhang mit solchen Beobachtungen eine Theorie, die bereits den Durchbruch zur Kognitiven Psychologie vorbereitete: die Theorie der **cognitive maps**.

TOLMAN ging davon aus, daß jedes Verhalten immer zielgerichtet ist, und daß es im Kopf »Landkarten« gibt, mit deren Hilfe das zielgerichtete Verhalten realisiert wird. So kam er zu dem Schluß, daß Lernen die Erzeugung bzw. Veränderung von kognitiven Landkarten bedeutet. Mit diesen Überlegungen revolutionierte er die Lernpsychologie. Es kam zur **kognitiven Wende**. Nicht mehr nur das äußere Verhalten, sondern auch die Mechanismen im Kopf wurden immer mehr zum Gegenstand. Im Unterschied zu den überwundenen Bewußtseinspsychologen des letzten Jahrhunderts standen der dritten Generation von Lernpsychologen nun mittlerweile auch verbesserte Methoden zur Verfügung, um »in den Kopf zu blicken« (siehe Abschn. 4.2.3). Aus Verhaltensbeobachtungen wurde es mit Hilfe immer ausgefeilterer Modelle und Forschungsmethoden möglich, Rückschlüsse auf interne Prozesse zu ziehen. Eine neue Ära der Psychologie begann. Kein Psychologe akzeptiert mehr ohne Stirnrunzeln die Bezeichnung »Behaviorist«. Auch wer der Tradition der Verhaltenstheorie nahe steht, besteht zumindest auf die Ergänzung »kognitiv orientierter Behaviorist«. Der bis heute ungebrochene Boom der Kognitiven Psychologie nahm seinen Anfang, die führende psychologische Richtung wurde der **Kognitivismus**. Er ist die Weiterentwicklung des Behaviorismus. Beiden gemeinsam ist der Blick auf überprüfbare und quantitativ erforschbare Mechanismen der Psyche. Und da die Instrumente der Beobachtung immer feiner wurden, konnte man vom äußeren Verhalten gewissermaßen zum »inneren Verhalten« – zum Denken – vordringen.

Noch vor der kognitiven Wende wurde eine der wichtigsten behavioristischen Lerntechniken entwickelt: die **operante Konditionierung**. Sie findet bis heute vielfältige Anwendungen. Wie bei der instrumentellen Konditionierung geht es bei der operanten Konditionierung um das Erlernen von Verhaltensweisen – früher nur »äußere«, heute auch »innere«. Ihr Begründer war der vielleicht populärste Behaviorist B.F. SKINNER. Er entdeckte, daß Belohnung oder Bestrafung einen Lernprozeß fördern können. Er nannte dies **Verstärkung** (einer Verhaltensweise). Durch die richtige und gezielte Anwendung von Verstärkungen können gewünschte Verhaltensweisen in die Psyche eingeschliffen werden. Die Anwendungsmöglichkeiten reichen dabei von der Gehirnwäsche über die Pädagogik bis zur Psychotherapie. Man denke beispielsweise an einen Tennisunterricht. Dadurch daß der Tennislehrer jeden richtigen Schlag des Schülers mit »gut«, »super« oder »spitze« kommentiert, prägt sich der Schüler die richtigen Schläge besser ein als die falschen. Man sagt, die richtige Schlagweise werde positiv verstärkt.

Die Psychologen KANFER und PHILLIPS haben die Überlegungen und Forschungen SKINNERS dann zu einem berühmten Lernmodell zusammengefaßt:

$$S - O - R - K - C$$

S, O und R kennen wir schon. K und C bedeuten die »Konsequenz« und »Contingenz« der (Verhaltens-)Reaktion. »Konsequenz« ist die Art der Verstärkung, und Contingenz bezeichnet die Häufigkeit der Verstärkung. Mit diesem Modell lassen sich ganze Verstärkungspläne entwickeln, um die Konditionierung so effektiv wie nur möglich zu gestalten.

Im Hinblick auf moderne psychologische Erkenntnisse ist das eben geschilderte Modell etwas starr. Es kann kaum berücksichtigen, daß verschiedene Menschen auf die gleichen Reize ganz unterschiedlich reagieren können. Die Lerntheorie mußte also in diese Richtung verbessert werden. Allen voran leistete der Psychologe A. BANDURA hier Pionierarbeit. Er erkannte, daß Menschen nicht automatisch ins Leere hinein reagieren, sondern nur dann, wenn sie sich schon vorher davon Erfolg versprechen. Und das nötige Bewußtsein vom möglichen Erfolg bestimmter Verhaltensweisen erhalten sie überwiegend dadurch, daß sie erst mal schauen, wie es bei anderen läuft. Das heißt, Menschen schauen sich erfolgversprechende Verhaltensweisen gerne bei anderen ab. Mit diesen Erkenntnissen aus einer sozial-kognitiven Perspektive war die modernste behavioristische Theorie geboren: die Theorie vom **Lernen am Modell**.

Zusammenfassend läßt sich sagen, daß der Behaviorismus seinen Vorsatz, nur am eindeutig Beobachtbaren zu forschen und sich Spekulationen zu enthalten, durchgehalten hat. Angefangen hat er mit ganz simplen Modellen wie dem Pawlow'schen Hund, und vorgedrungen ist er zu komplexen Modellen, die kognitive und soziale Prozesse miteinbeziehen. Nach wie vor ist er eine führende Lerntheorie, die vielfältige Anwendungen findet. Der Behaviorismus stellt **leistungsfähige Modelle** zur Verfügung. Allerdings bleibt er auch in seiner fortgeschrittenen Form prinzipiell einem **mechanistischen Menschenbild** verhaftet. Wurde auch die Innenseite der Black Box nach und nach ausgeleuchtet, so bleiben doch wesentliche Bereiche des menschlichen Erlebens und Verhaltens unberücksichtigt: Bereiche, die nur durch Einfühlung erschlossen werden können und sich einer streng positivistischen Perspektive (vgl. Abschn. 2.1.3) entziehen.

Nachdem in den letzten Abschnitten Bausteine der Psyche vorgestellt wurden, die deren Arbeitsweisen beschreiben, bleiben noch zwei andere Bereiche übrig: der Wille und das Gefühl.

4.2.6 Motivationspsychologie

Warum will der Mensch, was er will? Diese Frage beschäftigte bestimmt jeden schon mehrmals. Warum will jemand beispielsweise anderen imponieren? Wahrscheinlich, weil er Anerkennung sucht. Warum sucht er Anerkennung? Weil scheinbar alle Menschen, in welcher Form auch immer, Anerkennung wollen. Warum? Falls hier noch eine Antwort möglich ist, könnte man sofort weiter fragen. Man landet immer wieder beim Willen und könnte schließlich fragen, warum man überhaupt etwas will. Dies zeigt, daß die Suche nach einem allerletzten Grund des menschlichen Willens letztendlich ins Absurde führt.

Doch auch wenn dieser Stein der Weisen nicht gefunden werden kann, wendet sich die Psychologie vom menschlichen Willen nicht gleich ab. Sie liefert Vorstellungen – also Modelle – von den Ursprüngen und den Auswirkungen des Willens. Dafür legt sie erst mal einen Begriff zugrunde: **Motivation**.

Der Begriff »Motivation« umschließt alles, was mit dem *Ingangsetzen*, *Steuern* und *Aufrechterhalten* psychischer und körperlicher Aktivitäten zu tun hat. *Bedürfnisse*, *Wünsche* und *Ziele* sind dabei die zentralen Gegenstände der Motivationspsychologie.

Es gibt im wesentlichen 5 psychologische Theorien zur Motivation:

(1) Die **Instinkttheorie**: Die Instinkttheorie stammt aus der Biologie. Üblicherweise werden die Beweggründe von Tieren mit der Vorstellung eines Instinktes verbunden. Instinkte sind *vorprogrammierte Verhaltensweisen*, die durch bestimmte Reizsituationen ausgelöst werden können. Das Tier muß viele Verhaltensweisen nicht erst lernen, es kann sie einfach so. Folglich müssen die Fähigkeiten zu bestimmten Verhaltensweisen in der tierischen Psyche schon von Geburt an vorhanden sein. Begegnet dem Tier ein bestimmter auslösender Reiz, muß es nicht lange nachdenken oder sich entscheiden – es tut einfach, was es tun muß. Der Instinkt springt an, wie es der Motor eines Autos tut, wenn der »Reiz« Zündfunke kommt.

Nicht nur in der Tierpsychologie, sondern auch in der Allgemeinen Psychologie wird mit der Instinkttheorie spekuliert. Die Frage ist, ob die Beweggründe von Menschen nicht ähnlich gestaltet sind wie bei Tieren – nur wesentlich vielschichtiger und komplexer.

(2) Die **Anreiztheorie**: Die Anreiztheorie fragt nicht nach inneren, sondern nach *äußeren Bedingungen* der Motivation. Warum können wir beispielsweise beim Geruch einer Lieblingsspeise Appetit bekommen, auch wenn wir gar nicht hungrig sind? Äußere Reize können die Psyche offensichtlich ganz schön in Schwung bringen.

(3) Die **kognitive Theorie**: Kognitive Motivationstheorien wenden sich im Unterschied zu anreiztheoretischen wieder den inneren Bedingungen der Motivation zu – allerdings völlig anders als die Instinkttheorie. Während die Instinkttheorie von festgelegten, angeborenen psychischen Programmen und die Anreiztheorie von äußeren Reizen ausgeht, rückt die kognitive Theorie die *geistige Interpretation der Wirklichkeit* in den Mittelpunkt der Motivation. Sie interessiert sich beispielsweise dafür, wie die Folgen einer Handlung im Geiste vorher abgewägt werden und dann darauf gestützt die Entscheidung für eine

bestimmte Handlung getroffen wird. Kurz gesagt: Die kognitive Theorie betrachtet die *Antizipation* von Handlungen als einen Grundpfeiler der Motivation.

(4) Die **Wachstumstheorie**: Die Wachstumstheorie besagt, daß der Mensch einer bestimmten *Reihenfolge* gehorchend nach immer »höheren« Zielen strebt. Was »hoch« und was »niedrig« ist, legt der jeweilige Theoretiker fest, der sich im Besitz des Wissens über die menschliche Natur wähnt. Niemanden wird dabei wundern, daß anerkannte Wachstumstheorien mit den herrschenden Wertvorstellungen der jeweiligen Kultur einhergehen.

Sehen wir uns das berühmteste psychologische Wachstumsmodell etwas näher an: Die *Bedürfnispyramide* nach A.MASLOW. Sie umfasst biologische Bedürfnisse (z. B. Hunger), Sicherheit, Bindung, Selbstwert, kognitive Bedürfnisse, ästhetische Bedürfnisse, Selbstverwirklichung, spirituelle Bedürfnisse. Grundlegend ist dabei, daß erst durch eine ausreichende Befriedigung eines niedrigeren Bedürfnisses das nächsthöhere angepeilt werden kann.

Schwierig wird es nun, mit diesem Modell zu erklären, wie es beispielsweise möglich ist, daß ein religiöser Fundamentalist für ein politisches Ziel in den Hungerstreik geht. Sein niedrigstes Bedürfnis – das nach Nahrung – bleibt extrem unbefriedigt. Und trotzdem befriedigt er das höchste – das nach Spiritualität.

(5) Die **psychoanalytische Theorie**: Die psychoanalytische Motivationstheorie wird häufig in Verbindung mit der Instinkttheorie gebracht. Beide Theorien gehen von biologischen Bedürfnissen aus. Trotzdem ist der Vergleich irreführend. In der Psychoanalyse gibt es keinerlei Vorstellungen von ganzen vorprogrammierten Verhaltensweisen. Die »klassische« Psychoanalyse nach S.FREUD legt der Motivation *zwei Triebe* zugrunde. Doch Freud enthielt sich konsequent jeglicher Vorstellung über angebliche Inhalte der Triebe. Er gab ihnen nur grobe Etiketten wie z. B. »Aggressionstrieb« und «Sexualtrieb« und bezeichnete sie ansonsten als »Reize aus dem Körper«. Die zeitgenössische Psychoanalyse betrachtet das Freud'sche Triebmodell mittlerweile als zu einseitig. Aus heutiger Sicht sind nicht die Triebe, sondern *Affekte* (Gefühle) und *Wünsche* die grundlegenden Bausteine der Motivation – beispielsweise Wünsche nach Wohlbefinden oder Geborgenheit und Gefühle wie Sehnsucht, Lust oder Interesse.

Motivation ist ein psychologischer Begriff, der den wissenschaftlich schwer zu fassenden Zusammenhang menschlicher Beweggründe umschreiben will. Er bildet einen der Bausteine im psychischen Funktionskomplex und steht besonders offensichtlich in Zusammenhang mit dem letzten hier vorzustellenden allgemeinpsychologischen Gegenstand: Emotion.

4.2.7 Emotionspsychologie

Zwischen Emotion und Wille besteht ein grundlegender Zusammenhang. Wenn wir uns beispielsweise freuen, werden wir andere Sachen wollen, als wenn wir uns ärgern. Die Verflochtenheit zwischen Gefühlen und Wille drängt sogar die Frage auf, was überhaupt der Unterschied zwischen *Emotion* und *Motivation* ist. In beiden Fällen wird die Psyche bewegt. Der Unterschied wird so definiert, daß Motivation eine *äußere Bewegung* bedeutet – also auf Handlung abzielt – und Emotion eine *innere Bewegung*.

In der Psychologie wird häufig zwischen *Gefühl*, *Emotion* und *Affekt* unterschieden. Dabei geht es um Feinheiten, die hier vernachlässigt werden. Im weiteren Verlauf können *Emotion* und *Gefühl* gleichbedeutend gelesen werden.

Gefühle bilden gewissermaßen das Fleisch der Psyche. Das heißt, sie bilden die **fundamentalste psychische Basis unserer Wirklichkeit**. Im Vergleich zu allen anderen psychischen Momenten sind sie am wenigsten steuerbar oder kontrollierbar. Sie sind so grundlegend für unser Verhalten und Erleben, daß sie für die Psychologie vielleicht den schwierigsten und wichtigsten Forschungsgegenstand bilden.

Im letzten Abschnitt wurde schon angesprochen, daß die psychoanalytische Theorie Gefühle in den Mittelpunkt ihrer Betrachtung stellt. Das Ziel der psychoanalytischen Forschung (und Praxis) besteht darin, Gefühle zu *verstehen*. Insgesamt stellt das Anliegen, Gefühle zu verstehen, in der Psychologie allerdings nur einen speziellen Zweig dar. Die Psychologie will Gefühle, so weit es geht, auch *erklären*. Sie will wissen, **welche Aufgaben** Emotionen im psychischen Haushalt erfüllen und **nach welchen Systemen** emotionale Prozesses funktionieren. Sicherlich sind Gefühle letztendlich nicht erklärbar. Die Psychologie sucht auch hier nicht nach dem Stein der Weisen, aber sie entwickelt *Modelle* für emotionale Zusammenhänge, die mehr oder weniger begrenzte Erklärungsreichweite haben. Grob gesehen gibt es in der Emotionspsychologie zwei Arten von Modellen:

▶ Modelle, die einen *ordnenden Überblick* über grundlegende Emotionen versuchen.

▶ Modelle, die die *Entstehung von Emotionen* begreiflich machen wollen.

Einen **ordnenden Überblick** versucht z. B. PLUTCHIK: Er geht von der Vorstellung 8 grundlegender angeborener Emotionen aus, die sich jeweils gegenüberstehen. Alle anderen Gefühle sieht er als Mischungen aus jenen 8 Grundemotionen:

▶ Freude und Traurigkeit

▶ Furcht und Wut

▶ Überraschung und Vorahnung

▶ Akzeptanz und Ekel

Bei Erklärungsversuchen zur **Entstehung von Emotionen** kommt die Psychologie nicht darum herum, einen der lebendigsten psychischen Bereiche ziemlich trocken zu beschreiben. Dies veranschaulicht nachfolgende Definition von »Emotion«:

> Emotion ist »ein komplexes Muster von Veränderungen ..., das physiologische Erregung, Gefühle, kognitive Prozesse und Verhaltensweisen einschließt, die in Reaktionen auf eine Situation auftreten, welche ein Individuum als persönlich bedeutsam wahrgenommen hat.«
> (KLEINGINNA & KLEINGINNA 1981, nach Zimbardo 1995, S.442)

Das Modell zum Entstehen von Emotionen zeigt wieder, wie in der Allgemeinen Psychologie jeder Baustein mit jedem anderen verbunden ist. Keiner von ihnen funktioniert – bzw. existiert nicht einmal – unabhängig von den anderen. Durch die Erforschung des Zusammenspiels der Bausteine versucht man allgemeine Gesetzmäßigkeiten der Psyche herauszufinden. »Allgemein« heißt dabei, daß sie für jede Psyche gleichermaßen gelten sollen. Die **Allgemeine Psychologie** sucht nach den grundlegenden Gemeinsamkeiten des menschlichen Erlebens und Verhaltens. Nun gibt es aber auch Unterschiede zwischen den Menschen. Und für die psychischen Unterschiede hat die Psychologie selbstverständlich auch eine eigene Teildisziplin: die Persönlichkeitspsychologie.

4.3   Persönlichkeitspsychologie

Von dem Begriff »Persönlichkeit« hat jeder seine eigenen Vorstellungen. Er wird im **Alltag** häufig ganz selbstverständlich gebraucht, wenn man von sich selbst oder anderen spricht. »Mein Freund Hugo ist (hat) eine sehr starke Persönlichkeit« wäre beispielsweise eine typische Aussage. Selten fragt man sich dabei, was denn eine »Persönlichkeit« überhaupt ist – so gängig ist der Begriff.

In der **Psychologie** darf der Begriff »Persönlichkeit« natürlich nicht so unhinterfragt verwendet werden. Während man im Alltag einfach davon ausgeht, daß die anderen vermutlich schon das gleiche unter »Persönlichkeit« verstehen wie man selbst, müssen PsychologInnen erst mal dafür Sorge tragen, daß ihr Persönlichkeitsbegriff für alle anderen nachvollziehbar ist. Das heißt, »Persönlichkeit« muß exakt **definiert** werden.

Mit der Frage danach, was man unter »Persönlichkeit« verstehen kann, beginnen in der Regel alle Vorlesungen zur Persönlichkeitspsychologie. Diese Frage führt dabei nicht nur in die Inhalte des Fachs ein und zielt nicht nur auf einen Überblick gebräuchlicher Definitionen ab. Sie weist darüber hinaus. Sie vermittelt einen ersten Eindruck in die Charakteristik der Persönlichkeitspsychologie überhaupt: »Persönlichkeit« ist hier nichts, was es an sich einfach so gibt – »Persönlichkeit« ist ein **psychologischer Name** für ein **Bündel** psychologisch interessanter Phänomene der individuellen Psyche. Dazu gleich genaueres.

Zunächst sei noch angemerkt, daß im Studium die Einführung in Persönlichkeitspsychologie über dieses Fach hinaus aufschlußreich ist. Da der Begriff »Persönlichkeit« so fest in der Alltagssprache verankert ist, vermittelt die Einführung in Persönlichkeitspsychologie insgesamt einen Einblick in die Grundzüge der akademischen Psychologie. Insbesondere im Fach Persönlichkeitspsychologie bekommen Studierende einen deutlichen Eindruck vom Unterschied zwischen Alltagspsychologie und wissenschaftlicher Psychologie – eine der wichtigsten Lernerfahrungen im Grundstudium.

Nun zum wissenschaftlichen Begriff »Persönlichkeit«:

Für kaum einen anderen psychologischen Begriff gibt es so viele Definitionen wie für den der »Persönlichkeit«. Bereits 1937 hat der amerikanische Psychologe ALLPORT 49 Persönlichkeitsdefinitionen zusammengetragen. Er selbst gab die fünfzigste. Man kann sich vorstellen, wie viele bis heute wohl noch dazugekommen sind. Damit PersönlichkeitspsychologInnen nicht in der Flut unterschiedlicher Definitionen untergehen müssen, bemühen sich Theoretiker um übergreifende Erläuterungen. Sie arbeiten gemeinsame und wesentliche **Charakteristika der unterschiedlichen Persönlichkeitsbegriffe** heraus.

Der Münchner Persönlichkeitspsychologe K.SCHNEEWIND faßt die Ergebnisse dieser theoretischen Arbeit folgendermaßen zusammen:

1. »Persönlichkeit« bezieht sich auf *psychische Dispositionen* (Voraussetzungen), die Handeln und Erleben bedingen.

2. Diese psychischen Dispositionen können nur am konkreten Verhalten erforscht werden. Sie können nur als ein *Verhaltenskorrelat* begriffen werden. Das heißt, es gibt sie nicht an sich. Sie sind Abstraktionen, die aus der Beobachtung sichtbaren Verhaltens abgeleitet werden.

3. »Persönlichkeit« ist bei jedem Individuum anders. Sie hat immer eine *individuell einzigartige Struktur*.

4. Die Dispositionen des Verhaltens und Erlebens sind *zeitlich relativ überdauernd und stabil*. Es handelt sich nicht nur um vorübergehende Erscheinungen.

Besonders interessant und erklärungsbedürftig in dieser Liste ist der zweite Punkt: »Persönlichkeit« ist eine **Abstraktion** aus konkret beobachtbarem Verhalten. Heißt das, in Wirklichkeit gibt es gar keine Persönlichkeit? Ist Persönlichkeit nur eine psychologische Erfindung? – Ja. In der modernen Persönlichkeitspsychologie gilt »Persönlichkeit« als ein **hypothetisches Konstrukt**. Der Gedanke eines »hypothetischen Konstrukts« ist der Knackpunkt zum Verständnis der Persönlichkeitspsychologie. Hypothetische Konstrukte sind Vorstellungen, mit deren Hilfe die Wirklichkeit gezielt untersucht wird. Sie stehen in Zusammenhang mit Modellen und Theorien. Ihre Tauglichkeit zeigt sich darin, ob sie Vorhersagen konkreter Verhaltens- und Erlebensweisen liefern können (vgl. Abschn. 2.2.3). »Persönlichkeit« ist dabei ein sehr großes, weitreichendes Konstrukt – gewissermaßen ein **Superkonstrukt**. Deshalb wird sie in kleinere **Teilkonstrukte** zerlegt, die dann weiterhin in **Dimensionen** zergliedert werden. In den Dimensionen können **Variablen** untergebracht werden, die sich dann auf konkrete, **beobachtbare psychische Phänomene** beziehen. Das heißt, mit den Variablen werden psychische **Merkmale** erfaßt.

Verwenden wir zur besseren Anschaulichkeit das Beispiel mit der Musikalität (vgl. Abschn. 2.2.3): *Musikalität* könnte ein Teilkonstrukt des Superkonstrukts »Persönlichkeit« sein. Daneben könnten noch andere wie z. B. »Offenheit«, »Ängstlichkeit«, »Leistungsbereitschaft«, »Gelassenheit«, »Intelligenz« usw. dazugehören. »Musikalität« ließe sich in die Dimensionen *Wichtigkeit von Musik, auditive Auffassungsgabe* und *Ohr-Motorik-Koordination* gliedern. Eine Variable auf der Dimension

»auditive Auffassungsgabe« wäre beispielsweise *Rhythmusgefühl*. Rhythmusgefühl könnte daran beobachtet werden, wie gut jemand einen Rhythmus nachklatschen kann. Die *Fähigkeit zum Nachklatschen* wäre ein psychisches Merkmal.

Man kann sich also »Persönlichkeit« wie **eine Art Regalwand** vorstellen: Die *ganze Regalwand* ist das Superkonstrukt »Persönlichkeit«. Die *einzelnen Regale* sind die Teilkonstrukte. Die *Fächer* in den Regalen sind die Dimensionen. Und die Fächer sind voll mit Variablen, bzw. psychischen Merkmalen. Das heißt, die psychischen Merkmale sind die *Inhalte* der »Persönlichkeit«, und das Regalsystem bildet den *Rahmen*, in dem die Inhalte angeordnet werden. Behält man im Auge, daß es sich bei dem Begriff »Persönlichkeit« um ein hypothetisches Konstrukt der Wissenschaft handelt, und nicht um die normale Bedeutung des umgangssprachlichen Begriffs »Persönlichkeit«, dann kann man die PersönlichkeitspsychologInnen als *Regaldesigner* verstehen. Und sie bauen die Regalsysteme natürlich hinsichtlich eines *Zwecks*, nämlich individuelles Verhalten und Erleben **beschreiben**, **erklären**, **vorhersagen** und **verändern** zu können.

Die Regaldesigner gehen bei ihrer Arbeit nach unterschiedlichen Vorstellungen und Plänen vor. Sie verwenden beim Konstruieren ihres Superkonstrukts »Persönlichkeit« bestimmte Theorien – **Persönlichkeitstheorien**. Ihre Vorstellungen vom Regalsystem »Persönlichkeit« basieren auf ihren grundlegenden psychologischen Vorstellungen und Betrachtungsweisen – letztendlich also auf ihren Menschenbildern und Vorstellungen von der Wirklichkeit (vgl. Abschn. 1.3 und 1.4).

Grob lassen sich vier theoretische Stränge unterscheiden:

(1) **Ontologische Persönlichkeitstheorien**: Sie betrachten Persönlichkeit nicht als hypothetisches Konstrukt, sondern als etwas, das es im Menschen wirklich gibt – etwa so, wie es den Herz-Blutkreislauf gibt. Man nennt diese Art der Persönlichkeitstheorien auch *Konstitutionstypologien*. Sie behaupten, daß es bestimmte Typen von Menschen gibt – den »Bäuerischen«, den »Edlen«, den »Arischen«, den »Geistigen«, den »Erdigen« und ähnliches. Vor allem im deutschsprachigen Raum der ersten Jahrhunderthälfte blühten diese Konstitutionstypologien, die einen passenden theoretischen Hintergrund für die Psychologie im Nationalsozialismus boten.

(2) **Mechanistische und systemische Persönlichkeitstheorien**: Sie betrachten Persönlichkeit als einen Funktionszusammenhang, in dem innere Verhaltensdispositionen und äußere Umwelteinflüsse wie

Zahnräder, hydraulische Systeme oder elektronische Regelkreise ineinandergreifen. Formale Vorbilder für die Persönlichkeitsmodelle sind dabei die zeitgenössischen Errungenschaften der Technik. Beispielsweise erschien Persönlichkeit in der *frühen Psychoanalyse von* S.FREUD wie eine komplexe Dampfmaschine, die nach hydraulischen Gesetzmäßigkeiten funktioniert. Im *klassischen Behaviorismus* ist Persönlichkeit das Resultat eines primitiven Lernprogramms, und im *Kognitivismus* ist Persönlichkeit Prozessor sowie Software hochkomplexer Informationsverarbeitung. Einer Maschine ähnelt Persönlichkeit auch in *faktorenanalytischen Modellen*. Darin wird Persönlichkeit als das Zusammenspiel vieler Faktoren wie beispielsweise »Intelligenz«, »Warmherzigkeit« oder »Ich-Stärke« begriffen. Jeder Faktor hat dabei eine individuell starke Ausprägung, und alle Faktorenwerte nebeneinander ergeben ein individuelles Persönlichkeitsprofil. Faktorenanalytische Modelle werden insbesondere bei der Personalauswahl verwendet, da der Eignung für bestimmte Aufgaben bestimmte Persönlichkeitsprofile zugeordnet werden können.

(3) **Humanistische, organismische Persönlichkeitstheorien:** »Organismisch« bedeutet, daß bei dieser Vorstellung Persönlichkeit wie eine Pflanze wachsen und gedeihen muß und daß ihre Entfaltung durch eine seelische Naturkraft angetrieben wird. »Humanistisch« sind diese Vorstellungen, weil sie auf bestimmte Überzeugungen von der Natur des Menschen aufbauen. Die bekannteste organismische Persönlichkeitstheorie stammt von dem Psychotherapeuten *C.ROGERS*. Persönlichkeit ist nach Rogers die Art und Weise, wie jemand sich selbst erlebt. Man macht sich ein Bild von sich selbst – ein Selbstkonzept – und erlebt dadurch sein *Selbst*. Das Selbst ist die Persönlichkeit. Es wächst, getrieben durch eine natürliche Kraft, heran und muß gepflegt werden. Angetrieben wird der Wachstumsprozeß durch eine sogenannte *Selbstaktualisierungstendenz*. Diese Kraft alleine reicht allerdings zur Entfaltung des Selbst noch nicht aus. Das Wachstum muß auch in eine Bahn gebracht werden. Dafür sorgt der sogenannte *ständige organismische Selbstbewertungsprozeß*. Je nachdem, wie positiv oder negativ er ausfällt, blüht das Selbst auf oder verkrüppelt. Entsprechend dieser Vorstellung versteht ROGERS einen guten Psychotherapeuten als liebevollen Gärtner, der das Selbst – die Persönlichkeit – durch *positive Beachtung* zum richtigen Gedeihen bringen kann.

(4) **Dialektische Persönlichkeitstheorien:** Sie sehen Persönlichkeit in einer ganz grundlegenden Weise in Zusammenhang mit der sozialen Umwelt des Individuums. Ein dialektischer Blickwinkel begreift den

Zusammenhang von Individuum und sozialer Umwelt als ein »inneres« Verhältnis. Persönlichkeit – in anderen Worten auch »Charakter« genannt – stellt so gesehen die Vermittlung zwischen Gesellschaft und Individuum dar. Metaphorisch kann man sich Persönlichkeit dabei als einen Außenposten der Gesellschaft im Innersten des Individuums vorstellen. Um Persönlichkeit dialektisch denken zu können, ist die *Psychoanalyse* die geeignetste psychologische Theorie. S.FREUD legte mit dem Bild des sogenannten *Triebschicksals* den Grundstein für eine dialektische Charaktertheorie – obwohl er noch sehr stark einem mechanistischen, biologistischen Menschenbild verhaftet war. Das Triebschicksal ist ein gesellschaftliches Schicksal des Individuums und bildet den Charakter. Den darin angelegten Gedanken einer gesellschaftlichen Produktion des Unbewußten verarbeitete dann später ERICH FROMM zu seinem Begriff des *Gesellschaftscharakters*. Der Gesellschaftscharakter stellt ein psychisches Amalgam aus den Bedürfnissen des Individuums und den Anforderungen der Gesellschaft dar.

4.4 Entwicklungspsychologie

Die Entwicklungspsychologie befaßt sich mit den **Veränderungen** der Psyche über die **gesamte Lebensspanne** hinweg gesehen. Nicht nur die Kindheit und Jugendzeit, sondern auch die Entwicklungsphasen bis ins hohe Alter sind hier von Interesse. Zusätzlich zur Erforschung der **verschiedenen Lebensabschnitte** untersucht die Entwicklungspsychologie auch die Herausbildung **einzelner Funktionsbereiche**, wie z. B. der Motorik, Sprache oder Intelligenz.

Im Fach »Entwicklungspsychologie« haben Studierende der Psychologie weniger unterschiedliche theoretische Blickwinkel oder Modelle zu begreifen, sondern vor allem eine Menge an empirischen Fakten, d.h. Untersuchungsergebnisse und psychologische Versuchsanordnungen zu lernen. Der Wissensstoff ist dabei sehr anschaulich.

(a) Entwicklung nach Lebensabschnitten:

Bereits die *vorgeburtliche Zeit* interessiert die Entwicklungspsychologie. Die Entstehung neurologischer Grundlagen für Wahrnehmung und Verhalten bildet dabei überwiegend den Gegenstand der Untersuchung. Man weiß z. B., daß sich das Gehör bereits im Mutterleib ausbildet, und fragt sich, ob bestimmte akustische Reize wie beispielsweise Musik Einfluß auf die Entwicklung haben können. Besonders interessant für die Psychologie ist die *Geburt*. Was geht in Kindern vor sich, wenn sie auf die Welt kommen? Welche unterschiedlichen Rahmenbedingungen können dabei welchen Einfluß haben? Wer kennt nicht die Theorie vom Geburtstrauma? Das *Neugeborene* kann nach seinem Verhaltensrepertoire und seinen ersten Lernschritten untersucht werden. Sehr spannend zu beobachten ist, wie *Kleinkinder* die gegenständliche Welt nach und nach spielend erobern, emotionale Bindungen zu ihren Bezugspersonen aufbauen und in Ansätzen bereits ihre Geschlechtsidentität entwickeln. Beim schon *etwas älteren Kind* kommen dann auch zunehmend familienexterne Umwelten wie die Schule in Betracht. Im *Jugendalter* stellen sich vor allem Entwicklungsaufgaben hinsichtlich der Sexualität, Identität, Anbindung an Gleichaltrige, Lösung von den Eltern, Schule und Beruf. Im *frühen Erwachsenenalter* rückt der Beruf, die Partnerschaft und der Übergang zur Elternschaft in den Vordergrund. Das *mittlere und höhere Erwachsenenalter* ist erst in jüngster Zeit zum psychologischen Forschungsgegenstand geworden, nachdem es zuvor vernachlässigt wurde.

(b) Entwicklung einzelner Funktionsbereiche:

Die entwicklungspsychologische Betrachtungsweise einzelner Funktionsbereiche umfaßt vielfältige psychische Phänomene. An erster Stelle sind die Gegenstände der Allgemeinen Psychologie zu nennen: *Motivation und Handlungssteuerung, Gedächtnis und Wissen, Begriffs- und Bedeutungsentwicklung, Problemlösen* – überhaupt *Denken* – sind klassische Forschungsfelder der Entwicklungspsychologie. Einen besonders interessanten und Teildisziplinen übergreifenden Gegenstand bildet die *Sprachentwicklung* des Kindes. Große Aufmerksamkeit findet auch die Entwicklung *sozialer Kognition* – die Entwicklung von sozialem Wissen und Verstehen. Damit zusammenhängend wird auch die Entwicklung der *Moral* erforscht.

4.5 Sozialpsychologie

Die Sozialpsychologie beschäftigt sich mit den **psychischen Zusammenhängen sozialer Verhältnisse**. Verhalten und Erleben von Individuen wird dabei in Abhängigkeit von einzelnen zwischenmenschlichen Beziehungen, Gruppenprozessen, Organisationsstrukturen und kulturellen Bedingungen verstanden. In anderen Worten: Die Psyche wird als gesellschaftlich bedingt begriffen. Das Augenmerk liegt hier auf dem Zusammenhang zwischen psychischen und gesellschaftlichen Strukturen.

Die Sozialpsychologie steht der **Soziologie** sehr nahe – der Wissenschaft von der Gesellschaft. Man kann sich das so vorstellen, daß Individuum (Psyche) und Gesellschaft in einem zutiefst verflochtenen Verhältnis stehen und daß die Sozialwissenschaften etwas über dieses Verhältnis herausfinden wollen. Man kann nun dieses Verhältnis mehr von der Gesellschaftsseite her betrachten – das wäre die *Soziologie*, und man kann es mehr vom Individuum aus betrachten, was die *Sozialpsychologie* macht. Der amerikanische Sozialwissenschaftler RUSSEL JACOBI bringt dies sehr schön mit folgender Vorstellung auf den Punkt: Wenn man bis zum Grund des Individuums blickt, findet man die Gesellschaft.

Wie gesagt, wird hier von einem **Zusammenhang zwischen Individuum und Gesellschaft** ausgegangen. Man kann diesen Zusammenhang als einen **inneren** oder als einen **äußeren** begreifen. Geht man von einem inneren Zusammenhang aus, so unterscheidet sich die Sozialpsychologie prinzipiell von der Allgemeinen Psychologie. In den Modellen der Allgemeinen Psychologie wird der real bis ins Innerste der Psyche hineingreifende Zusammenhang zwischen Individuum und Gesellschaft aufgelöst, und es erscheint ein »reines« Individuum, welches mit quantitativen Methoden erforscht werden kann. Der innere Zusammenhang zwischen Psyche und Gesellschaft dagegen ist weniger meßbar – er muß eher mit qualitativen Methoden erforscht werden.

Gemäß diesen zwei verschiedenen Blickwinkeln auf das Verhältnis zwischen Individuum und Gesellschaft gibt es grob unterteilt *zwei Richtungen der Sozialpsychologie*:

(a) Empirische Sozialpsychologie:

Sie geht im Prinzip von der Allgemeinen Psychologie – insbesondere vom Kognitivismus – aus und untersucht **äußerliche Wechselwirkungen** zwischen Individuuen. »Äußerlich« heißt nicht, daß etwa nur das äußere Verhalten in Betracht gezogen würde. Es geht schon um die Innenseite der Psyche – aber sie wird als von der Gesellschaft getrennt gedacht. In den Modellen der empirischen Sozialpsychologie wird von einem im Kern abgeschlossenen Menschen ausgegangen, der dann über Wechselwirkungen mit der Gesellschaft in Beziehung gesetzt wird. Psyche und Gesellschaft werden als zwei getrennte Größen betrachtet, die nachträglich zusammenmontiert werden. Der hier zugrundegelegte **homo clausus** ist von einer hohen Mauer umgeben, »von der herab geheimnisvolle Zwerge – die 'Umwelteinflüsse' – kleine

Gummibälle nach dem Betreffenden werfen, die bei ihm 'Eindrücke' hinterlassen.« (Elias zitiert nach Keupp 1993, S. 9)

Durch das eben beschriebene Menschenbild kann die empirische Sozialpsychologie an die **Modelle der Allgemeinen Psychologie** anknüpfen und die Psyche als ein System in sozialen Systemen quantitativ erforschen. Die sozialen Systeme wirken dabei durch *soziale Einflußfaktoren* auf das System Psyche ein. Das System Psyche ist dabei bereits auf die sozialen System ausgerichtet, es hat *soziale Motive*: beispielsweise »Geselligkeit«, »Attraktivität«, »Fairneß« oder »Kontrolle«. Das System Psyche verfügt auch über die Fähigkeit *sozialer Kognition*: Es nimmt andere wahr und bildet Urteile. Einen ganz zentralen Forschungsgegenstand bilden *Einstellungen*. Die Fragen zielen hier auf die Entstehung, Aufrechterhaltung, Auswirkung und Veränderung von Einstellungen ab. Im wesentlichen untersucht die empirische Sozialpsychologie, wie Menschen miteinander umgehen bzw. kommunizieren und was sie sich dabei denken.

(b) reflexiv-interpretatorische Sozialpsychologie:

Sie geht davon aus, daß die Psyche niemals unabhängig von sozialen und kulturellen Verhältnissen ist. Sie begreift das Individuum als »gesellschaftlich vermittelt«. Dabei legt sie ein dialektisches Menschenbild zugrunde, das die Begriffe von Individuum und Gesellschaft in ein inneres und widersprüchliches Verhältnis setzt. Mit diesem Anspruch darf die reflexiv-interpretatorische Sozialpsychologie Individuum und Gesellschaft nicht getrennt denken. Jede Faser des Verhaltens und Erlebens ist sozial vermittelt. Das heißt nun nicht, daß die Psyche lediglich eine Folge oder ein Abdruck gesellschaftlicher Bedingungen wäre – etwa so, wie man in Wachs ein Siegel drücken kann. Die Psyche ist kein Objekt, vielmehr baut sie sich selbst aktiv in die gesellschaftlichen Verhältnisse ein, von denen sie abhängig ist und von denen sie mehr oder weniger oft auch eins auf den Deckel bekommt – mit dem Ziel, handlungsfähig zu sein. Jeder Mensch macht das von Geburt an auf seine eigene Weise, ist aber nie unabhängig von gesellschaftlichen Bedingungen. Durch diesen Prozeß, den man **Sozialisation** oder auch **Subjektbildung** nennt, entsteht ein vielschichtiges psychisches Gewebe, das **Subjektivität** genannt wird. Sie bildet den zentralen Gegenstand der reflexiv-interpretatorischen Sozialpsychologie.

Den Begriff »Subjektivität« gibt es in den unterschiedlichsten Gedankengebäuden. »Subjektivität« ist ein Lieblingsbegriff aller humanistischen Ideologien. Doch im Unterschied zu humanistischen Überlegungen enthält sich die Sozialpsychologie hier jeglicher Postulate über ein angebliches Wesen des Menschen. Sie interessiert sich für die **objektive Seite von Subjektivität** – für ihre gesellschaftliche Entstehung. Gründe für die Freiheit des Menschen oder das Leben an sich gibt sie mit Absicht nicht an.

Sozialpsychologische Forschungsfelder sind beispielsweise Identität, die gesellschaftliche Konstruktion von Normalität, soziale Ausgrenzungen, soziale Netzwerke, Geschlechterverhältnisse, psychisches Leiden, psychosoziale Versorgung, Gewaltphänomene, Technik oder Veränderungen von Lebenswelten und Lebensweisen. Vor allem die Phänomene des Alltags stehen hier im Zentrum des psychologischen Interesses. Die Forschenden versuchen dabei, die Subjektivität der Beforschten nachvollziehbar zu machen und – soweit es geht – zu verallgemeinern.

Besonders interessant an der reflexiven Sozialpsychologie ist auch, daß sich hier am deutlichsten von allen psychologischen Disziplinen die Erkenntnisse, Forschungsweisen und Auseinandersetzungen der Frauenbewegung finden. So gibt es eine **feministische Psychologie**, die ihren Forschungsschwerpunkt auf die gesellschaftliche Wirklichkeit von Frauen legt. Die feministische Psychologie berücksichtigt dabei am nachhaltigsten, daß die Psyche und auch (das ist der reflexive Aspekt) die auf sie abzielenden psychologischen Forschungsprozesse in die gesellschaftlichen Macht-Verhältnisse zwischen Frauen und Männern eingebunden sind. Sie deckt frauenfeindliche Inhalte in vielen psychologischen Theorien auf, sensibilisiert für die Bedeutung des Geschlechts in der Psychologie und arbeitet an psychologischen Konzepten, die zur Überwindung der sozialen Benachteiligung von Frauen dienen.

5. Anwendungsbezogene Fächer

Die anwendungsbezogenen Fächer sind Teil des Hauptstudiums. Während im Grundstudium gemäß der Prüfungsordnung alle Grundlagenfächer relativ gleichbedeutend behandelt werden, findet im Hauptstudium nun eine deutliche Schwerpunktsetzung statt. Die Studierenden wählen in der Regel **ein oder zwei Schwerpunktfächer**, die vertieft werden. In den restlichen Fächern werden **Grundkenntnisse** vermittelt. Das heißt, die Studierenden sollen jedes zentrale Fach der

Psychologie in den Grundzügen kennenlernen und in ein oder zweien davon Spezialkenntnisse erwerben. Darüber hinaus sollen auch schon während des Studiums praktische Erfahrungen gesammelt werden – das bedeutet im Durchschnitt zwei sechswöchige **Praktika**. Die Studienordnungen und Lehrangebote für Psychologie sind von Uni zu Uni verschieden. Die Angaben hier sind deshalb nur als grobe Orientierung zu verstehen.

Die meisten Studierenden freuen sich am Ende des Grundstudiums auf das Hauptstudium: Dann sind Schwerpunktsetzungen gemäß der individuellen Interessenslagen möglich, und auch der Lehrstoff wird nur noch selten so trocken sein wie während der Prüfungsvorbereitung auf das Vordiplom.

Die **üblichen Fächer**, die im Hauptstudium vertieft werden können, sind: Klinische Psychologie, Wirtschaftspsychologie, angewandte Sozialpsychologie, Pädagogische Psychologie und Allgemeine Psychologie. Auch Grundlagenfächer können vertieft werden. »Angewandt« heißt in diesem Fall, daß fundierte Kenntnisse im Bereich der Forschungspraxis erworben werden können. **Exotischere Fächer** wie beispielsweise Sportpsychologie können nur an bestimmten Unis gewählt werden (Sport z. B. in Köln). Innerhalb der Vertiefungsfächer gibt es für die Studierenden meist wiederum Wahlmöglichkeiten, z. B. können in der Klinischen Psychologie unterschiedliche **Projektstudien** in Anspruch genommen werden. Auch hier gibt es **unterschiedliche Angebote**. Wer also schon vor Studienbeginn spezifische Interessen hat, sollte sich bei der Studentenberatung darüber informieren, an welcher Uni diese Interessen abgedeckt werden.

Die zwei Fächer, die im Hauptstudium am häufigsten gewählt werden, sind Klinische Psychologie und Wirtschaftspsychologie. In diesen Bereichen finden sich auch die meisten Arbeitsplätze für PsychologInnen. Von daher macht es natürlich Sinn, die Schwerpunktfächer hinsichtlich des **später gewünschten Arbeitsfelds** zu wählen. Allerdings legt man sich durch die Schwerpunktwahl nicht unbedingt auf ein bestimmtes Tätigkeitsfeld fest. Studierende der Klinischen Psychologie steigen z. B. häufig auch in die Wirtschaft ein, Studierende der angewandten Sozialpsychologie können ihren beruflichen Wirkungskreis auch im klinischen oder wirtschaftlichen Bereich finden. Wer in der Forschung tätig sein will, sollte – egal, in welchem Schwerpunktfach – vor allem gute methodische Kompetenzen erwerben.

5.1 Psychologische Diagnostik

In der psychologischen Diagnostik geht es um die **Erfassung psychischer Merkmale**. Sie stellt Techniken bereit, mit deren Hilfe individuell verschiedene Eigenschaften, Fähigkeiten, Persönlichkeitsstrukturen und dergleichen festgestellt werden können.

Psychologische Diagnostik selbst ist kein Schwerpunktfach. Sie ist vielmehr **Bestandteil aller anwendungsbezogenen Fächer**. Psychologische Diagnostik stellt auch eine der Hauptaufgaben von PsychologInnen dar. Sie sind beispielsweise im klinischen Bereich dafür zuständig, psychische Störungen zu diagnostizieren. In der Wirtschaft spielt psychologische Diagnostik bei der Personalauswahl und -schulung eine immer größere Rolle. Weiterhin ist Diagnostik in jeder Form psychologischer Gutachtenerstellung unerlässlich – beispielsweise beim TÜV, vor Gericht oder bei Sorgerechtsstreitigkeiten.

Psychologische Diagnostik umfaßt zum einen die gekonnte **Anwendung** diagnostischer Techniken – zum anderen auch die **Entwicklung** neuer Techniken. In der Praxis arbeiten PsychologInnen mit bereits bewährten Diagnoseinstrumenten. Im Forschungsbereich erstellen sie neue Diagnoseinstrumente und verbessern die alten. Um leistungsfähige Diagnoseinstrumente entwickeln zu können, bedarf es **theoretischer und methodischer Überlegungen**: Welche Aspekte der Psyche will man überhaupt erfassen? Wie kann man sie sich vorstellen? Wie kann der anvisierte Gegenstand definiert werden? Welche Modelle passen? Wie kann der Gegenstand gemessen oder anderweitig erfaßt werden? Wie können Trugschlüsse vermieden werden? Wie aussagekräftig können die Ergebnisse sein?

Nehmen wir als Beispiel eines der klassischsten psychologischen Diagnoseinstrumente: den *Intelligenztest*. Zunächst: Es gibt eine Vielzahl verschiedener Intelligenztests, weil es verschiedene Anschauungen darüber gibt, was alles zur Intelligenz dazugehört. Was ist also Intelligenz? Wie kann man sie definieren? Nun, hier scheiden sich viele Geister. PsychologInnen neigen dazu, die hochbewerteten Fähigkeiten ihres eigenen Kulturkreises und ihrer gesellschaftlichen Schicht als grundsätzliche Kriterien für Intelligenz zu verallgemeinern – beispielsweise Fähigkeiten wie abstraktes Denken, elaboriertes Sprechen, räumliches Vorstellungsvermögen und komplexes Rechnen. Es gibt jedoch auch Kulturen, in denen beispielsweise »nur« mit drei Zahlen gerechnet wird: »eins«, »zwei« und »viele«. Sind deren Mitglieder deswegen weniger intelligent? Ein Bergsteiger verfügt sicherlich über ein anderes räumliches Vorstellungsvermögen als ein Eskimo. Eskimos können dafür an die hundert verschiedene Farbstufen von »weiß« unterscheiden. Wer ist intelligenter? Zusammengefaßt wird Intelligenz weitgehend als die Summe zweier grundlegender Fähigkeiten gesehen: verbale Fähigkeiten und Fähigkeiten des Problemlösens. Was kann man im einzelnen darunter verstehen? Man muß diese zwei Fähigkeitsbereiche in Dimensionen unterteilen und mit konkreten Merkmalen auffüllen. Der Psychologe J.P.GUILFORD unterscheidet beispielsweise 120 verschiedene intellektuelle Fähigkeiten. Um die jeweiligen Fähigkeiten zu testen, sind konkrete Aufgaben erforderlich, deren Ergebnisse sich eindeutig quantifizieren (messen) lassen. Die Ergebnisse müssen dann ausgewertet werden – und zwar so, daß die Auswertung aussagekräftig ist. Hier stellen sich nicht zu unterschätzende Probleme, für die es ein eigenes Fach gibt: Die **Testtheorie**. In diesem Fach sind die Statistiker wieder sehr gefragt; die Studierenden begegnen darin Lehrinhalten, die sie aus dem Fach »experimentelle Psychologie« oder »Persönlichkeitspsychologie« zum großen Teil schon kennen.

Ist der theoretische Hintergrund erst mal geklärt, kann man diagnostische Prozesse in zwei wesentliche Phasen unterteilen: die *Datengewinnung* und die *Datenauswertung*. Hier gibt es ganz unterschiedliche Methoden, die in folgenden vier Gruppen zusammengefaßt werden:

▶ **standardisierte Verfahren**: Die gebräuchlichsten Mittel der Datengewinnung sind hier genormte Fragebogen oder Leistungsaufgaben. Für die Auswertung gibt es ausgefeilte und exakte Schlüssel, die nach »Schema F« angewendet werden.

▶ **Projektive Verfahren**: Dabei geht es um verborgene Erlebensweisen, denen die PsychologInnen mit Hilfe allgemeingültiger Erkenntnisse sowie über ihre Gefühle und Vorstellungsgabe nachspüren. Ein projektives Verfahren ist z. B. der »Familie in Tieren«-Test. Aus den Bildern von Kindern können gegebenenfalls Familien- bzw. Konfliktstrukturen und Erlebniswelten herausgelesen werden.

▶ **Verhaltensbeobachtung**: Die PsychologInnen beobachten z. B. eine Familie in einer bestimmten Situation dabei, wie sie miteinander umgeht, und beurteilen das Verhalten nach bestimmten Maßstäben. Auf diesem Weg können Familienstrukturen diagnostiziert werden.

▶ **Interaktive Verfahren**: Die Diagnostiker setzen sich in Beziehung zu den untersuchten Personen. Als erstes Instrument ist hier das Interview zu nennen. Zum einen werden dabei Informationen einfach abgefragt, zum anderen können darüber hinausgehend Erkenntnisse aus dem Erleben der Beziehung gewonnen werden. Die PsychologInnen achten auf ihre eigenen Gefühle im Kontakt mit der untersuchten Person und ziehen daraus Rückschlüsse. Dazu müssen sie sich selbst gut kennen und fähig sein, ihre eigenen Anteile nicht fälschlicherweise als Merkmal des anderen zu interpretieren.

Jedes diagnostische Verfahren hat seine Grenzen. Daher besteht in der Praxis eine gute Diagnostik meist aus der **Kombination mehrerer Verfahren**. Die auf individuelle Fälle bezogene Kombination aussagekräftiger Diagnostik-Verfahren und die zusammenhängende Interpretation der verschiedenen Ergebnisse kann als psychologisches Kunsthandwerk gesehen werden.

5.2 Klinische Psychologie

Die Klinische Psychologie befaßt sich mit **psychischem Leiden** und dürfte die in der Öffentlichkeit wohl bekannteste psychologische Disziplin sein. In der Klinischen Psychologie wird psychisches Leiden in der Regel als eine **psychische Störung** begriffen und als abweichendes Verhalten bzw. Erleben definiert.

Was ist nun normal, und was ist abweichend? – Eine sehr schwierige und kontrovers diskutierte Frage. Vorstellungen von Normalität sind gesellschaftlich bedingt und Abweichungen davon sind insofern Abweichungen, als daß sie lediglich als solche eingestuft werden. Was wird also als Abweichung gesehen? Ganz allgemein formuliert gelten jene Verhaltens- und Erlebensweisen als psychische Abweichungen, die relativ unverständlich sind und dem seelischen Wohlergehen schaden. Man spricht dabei auch von sogenannten **psychischen Symptomen**. Psychische Symptome sind beispielsweise Wahnvorstellungen, Angstzustände, unverhältnismäßige Niedergeschlagenheit, Verwirrtheit, Abmagern oder Selbstverletzungen, um nur wenige zu nennen.

Den Hintergrund psychischer Symptome bilden psychische Störungen. Es gibt vielfältige und oft ganz unterschiedliche Bezeichnungen sowie **Kategorisierungen** für psychische Störungen. Man denke hier nur an die Bezeichnung »Schizophrenie«. Jeder kennt diesen Begriff, doch was bezeichnet er nun genau? Damit man nun nicht laufend aneinander vorbeiredet, wenn es um die Diagnose von psychischen Störungen geht, wurde ein weltweit anerkanntes Klassifikationssystem entwickelt: das **DSM III-R**. Es definiert und klassifiziert über 200 psychische Störungen.

Was sind die **Gründe für psychische Störungen**? Hier gehen die Meinungen wieder deutlich auseinander. Viele sehen psychische Störungen als *seelische Krankheiten* an, die aus dem Inneren der Psyche kommen. Die Ursachen der Krankheit können dabei als gestörter Stoffwechsel im Gehirn, als falsche Programmierung des kognitiven Apparats, als Blockierung der Selbstverwirklichung oder als Unterdrückung unbewußter Triebe betrachtet werden. Geht man grundsätzlich von einer Krankheit aus, so wird immer nur das Individuum gesehen. Es scheint von einer Art seelischem Virus befallen zu sein, von dem es zu befreien ist. Die Gründe für das psychische Leiden werden nur in der betroffenen Person gesucht. Mit ihr scheint etwas nicht zu stimmen. Kritiker sprechen hier von einem *Krankheitsmythos* der Klinischen Psychologie. Psychisch Leidende werden mit dem Ettikett »krank« abgestempelt – man sagt, sie werden pathologisiert. Bei der pathologisierenden Betrachtungsweise wird die soziale Verfaßtheit der Psyche übersehen – die Tatsache, daß psychische Störungen Mitteilungen an andere sind, die einen ganz bestimmten Sinn haben. Berücksichtigt man die soziale Dimension psychischer Störungen, so gelten diese als *sinnvolle Aussagen*, die es zu verstehen gilt. Grob können in der Klinischen Psychologie von daher zwei Betrachtungsweisen von psychischen Störungen unterschieden werden: die *individuumszentrierte* und die *beziehungsorientierte*. Auch wenn es in Psychotherapien natürlich immer zwischenmenschliche Beziehungen gibt und erwiesenermaßen deren Qualität über den Therapierfolg entscheidet, sind deswegen nicht alle Therapien beziehungsorientiert. Dies hängt davon ab, ob die Beziehung nur Rahmen oder auch Gegenstand einer Therapie ist bzw. ob die psychische Störung als Krankheit oder als Beziehungsphänomen verstanden und behandelt wird.

Entsprechend der verschiedenen Vorstellungen zur Entstehung und Behandlung von psychischen Störungen gibt es verschiedene **Richtungen der Klinischen Psychologie**:

▶ **Psychopathologie**: Sie geht am deutlichsten von einem Krankheitsbegriff aus – und zwar von einem medizinischen. Die psychische Störung gilt als eine Störung im Gehirnstoffwechsel und wird von daher mit psychotropen Medikamenten behandelt. Sie ist die noch immer herrschende Betrachtungs- und Behandlungsweise in der Psychiatrie.

▸ **Verhaltenstherapie**: Sie leitet sich ursprünglich aus den Modellen des Behaviorismus und mittlerweile aus denen des Kognitivismus ab. Abweichende Verhaltens- und Erlebensweisen gelten als erlernt und somit als veränderlich. Psychische Störungen resultieren aus schädlichen Denkprozessen. Die schädlichen Denkprozesse können durch therapeutisch vermittelte Lerneffekte behoben und durch gesunde ersetzt werden.

▸ **Humanistische Therapien**: Sie basieren auf den Modellen der Humanistischen Psychologie, die von einem seelischen Wachstum der Psyche ausgeht. Im Zentrum stehen Vorstellungen von natürlichen innerseelischen Kräften, die nach Entfaltung streben. Psychische Störungen gelten als Behinderung jener Selbstverwirklichungstendenz. Durch gezielte therapeutische Methoden wird versucht, die blockierten Energien in Fluß zu bringen und das gefangene Selbst zu befreien. Auf dem Therapiemarkt gibt es eine Flut an humanistischen Therapien – auch »Erlebnistherapien« genannt –, von denen viele mit Vorsicht zu genießen sind. Unter den seriösen Formen humanistischer Therapie haben sich in erster Linie die klientenzentrierte Gesprächstherapie und die Gestalttherapie etabliert.

▸ **Systemisch orientierte Familientherapie**: Sie nimmt ganze Familien oder Familiengeschichten in den Blick und geht davon aus, daß bestimmte Familienstrukturen zu psychischen Störungen einzelner Familienmitglieder führen. Familie wird dabei als ein System begriffen, in dem alle Mitglieder zusammenwirken und verschiedene Funktionen haben. Das System Familie kann nun nach Gesetzen funktionieren, so daß es allen Beteiligten mehr oder weniger gut geht. Es kann aber auch so funktionieren, daß ein Mitglied nur mit Hilfe seelischer Verkrümmungen mitfunktionieren kann. Das betroffene Familienmitglied gilt dann als Symptomträger eines gestörten Familiensystems. Durch gezielte therapeutische Eingriffe können die familiären Funktionszusammenhänge verändert werden. Das heißt, das ganze Familiensystem wird therapiert.

▸ **Psychoanalyse**: Sie versteht psychische Störungen als Ausdruck unbewußter Konflikte. Zu unbewußten Konflikten kommt es, wenn bestimmte seelische Bedürfnisse und Wünsche oder auch Aggressionen zu viel Angst machen. Die Bedürfnisse und die damit verbundenen Gefühle werden dann unterdrückt, um die Angst zu vermeiden. Da die entsprechenden Gefühle aber nie wirklich zum Verschwinden gebracht werden können und weiterhin ihr Recht fordern, findet die Psyche einen ungesunden Kompromiß: ein psychisches Symtom. Durch das Symptom werden die Gefühle und Wünsche zum Ausdruck gebracht, bleiben aber dem bewußten Erleben unkenntlich. In einer therapeutischen Beziehung können nun diese unbewußten Gefühle und Ängste durch Deutungen nach und nach aufgedeckt werden und – indem sie von dem Therapeuten akzeptiert werden – ihren Schrecken verlieren.

▶ **Gemeindepsychologie**: Sie orientiert sich am sozialen Umfeld psychisch Leidender. Die Entstehung psychischer Störungen wird im Zusammenhang mit gesellschaftlichen Verhältnissen gesehen, und die Behandlung psychischer Störungen erfolgt durch Eingriffe in unmittelbare gesellschaftliche Bedingungen. Von daher ist das Anliegen der Gemeindepsychologie, alltagsnahe soziale Strukturen zu schaffen und zu unterstützen, die Erfahrungsräume zur Bewältigung psychischer Schwierigkeiten bieten. Beispielsweise Selbsthilfegruppen, Nachbarschaftshilfen, Frauen-, Männer- oder Familienzentren, sozialpsychiatrische Dienste oder Kontaktcafés und mehr fallen in den Bereich der Gemeindepsychologie. Insgesamt versucht die Gemeindepsychologie, den gesellschaftlich gezogenen Graben zwischen Normalität und psychischer Abweichung zu überbrücken.

5.3 Wirtschaftspsychologie

Wirtschaftspsychologie befaßt sich mit psychologischen Fragen, die für Unternehmen und Arbeitnehmer von Interesse sein können. Beispielsweise sind psychologische Erkenntnisse für die *Werbung* und die *Öffentlichkeitsarbeit* hilfreich. Die Frage ist hier, wie bei den Zielgruppen die erwünschten psychischen Effekte erzielt werden können. Psychologische *Marktforschung* liefert Einblick in zeitgenössische Bedürfnisse und Einstellungen für die Produktgestaltung und die Imagepflege der Unternehmen. Weiterhin ist Wirtschaftspsychologie auch für die effektive *Gestaltung von Arbeitsplätzen*, die richtige *Personalauswahl* und die Verbesserung der *Zusammenarbeit* in Firmen zuständig. In diesem Bereich der Wirtschaftspsychologie geht es dabei um die Abstimmung und den Zusammenhang zweier Ziele: Das *Wohlbefinden der Arbeitnehmer* und den *Erfolg des Unternehmens*. Der zugrundeliegende Gedanke ist der, daß zufriedene Arbeitnehmer auch bessere Arbeit leisten und somit beiden Zielen gleichermaßen gedient ist.

Die Wirtschaftspsychologie unterteilt sich in vier große Bereiche:

▶ **Werbepsychologie:** In der Werbepsychologie will man herausfinden, welche Werbung wie am besten beim Konsumenten ankommt. Wie wird ein Produkt am besten präsentiert, so daß es beim Konsumenten Bedürfnisse anspricht? Insbesondere wahrnehmungs-, motivations- und lernpsychologische Erkenntnisse kommen hier zum Zug.

▶ **Marktpsychologie:** Sie ist mit der Werbepsychologie verwandt. Jedoch geht es in der Marktpsychologie nicht um die Präsentation von Produkten, sondern um die Abstimmung von Produkten auf die Bedürfnisse des Konsumenten. Einstellungen und Verhalten von Käufern und Konsumenten sind Gegenstand der Marktpsychologie.

▶ **Arbeitspsychologie:** Die Arbeitspsychologie befaßt sich mit der Verbesserung von Arbeitsbedingungen. Dabei geht es hauptsächlich um zwei Ziele: Steigerung der Leistung und Steigerung der Zufriedenheit von Arbeitenden. Die Gegenstände der Arbeitspsychologie reichen beispielsweise von Problemen der Arbeitssicherheit über die Ergonomie von Arbeitsplätzen bis hin zu den Möglichkeiten der Selbstverwirklichung bzw. Persönlichkeitsentfaltung von Arbeitenden.

▶ **Organisationspsychologie:** Die Organisationspsychologie erforscht das Erleben und Verhalten von Menschen in Organisationen. Eine Organsition wird dabei im wesentlichen als ein dauerhaftes, strukturiertes soziales Gebilde verstanden, das bestimmte Ziele verfolgt. Damit eine Organisation leistungsfähig ist, müssen ihre Mitglieder effektiv zusammenarbeiten können. Die Organisationpsychologie befaßt sich von daher mit der Gestaltung von Arbeitsaufgaben, den Bedürfnissen sowie Fähigkeiten von Individuen, Gruppenprozessen und der psychischen Bedeutung ganzer Organisationsstrukturen.

5.4 Pädagogische Psychologie

Die Pädagogische Psychologie erforscht die psychologisch bedeutsamen Aspekte von pädagogischen Prozessen. Pädagogische Prozesse sind alle Vorgänge, die im weitesten Sinne mit Erziehung zu tun haben. Das heißt, die Pädagogische Psychologie ist zuständig für die Entwicklung, Vermittlung und Anwendung psychologischer Erkenntnisse zur Optimierung von Erziehungsprozessen. Dabei geht es beispielsweise um Fragen nach sinnvollen Zielen von Erziehung, psychischen Bedingungen von Lernen, den zwischenmenschlichen Beziehungen in pädagogischen Situationen und dem pädagogischen Handeln wie Unterrichten, Moderieren, Animieren, Diagnostizieren,

Prognostizieren, Aufklären oder Beraten. Da eine direkte Anwendung der einzelnen psychologischen Teildisziplinen auf diese Fragen zu einseitig wäre, gibt es die Pädagogische Psychologie. Sie übernimmt die Aufgabe, Ergebnisse und Arbeitsweisen aus allen psychologischen Teildisziplinen hinsichtlich pädagogischer Fragestellungen in ein sinnvolles Verhältnis zu bringen und gezielt anzuwenden.

5.5 Angewandte Sozialpsychologie

Die Angewandte Sozialpsychologie erforscht **psychosoziale Gegenstände**, um mit den gewonnenen Erkenntnissen darauf einwirken zu können – beispielsweise auf die psychischen Folgen von Arbeitslosigkeit.

Wenn man z. B. weiß, welche psychisch problematischen Auswirkungen Arbeitslosigkeit haben kann und wie sich diese psychischen Probleme erklären lassen, können mit Hilfe dieses Wissens unter Umständen Konzepte entwickelt werden, die dem entgegenwirken. Denkbar sind hier die Schaffung von Selbsthilfegruppen, die Schulung von professionellen Helfern, die Entwicklung von spezifischen Beratungsmethoden, die politische Begründung für die Etablierung von Beratungsstellen oder die politische und organisationspsychologische Einflußnahme auf Strukturen der Arbeitswelt.

Insgesamt hängt die Angewandte Sozialpsychologie stark mit der *Sozialarbeit*, mit der *Klinischen Psychologie* und auch mit der *Wirtschaftspsychologie* zusammen.

Die Angewandte Sozialpsychologie arbeitet mit **unterschiedlichen psychologischen Methoden**, mit deren Hilfe die psychosozialen Gegenstände begriffen und beeinflußt werden können. Auch hier wirken sich letztendlich die zugrundegelegten Menschenbilder, Wirklichkeitsmodelle und Erkenntnismethoden aus (vgl. Abschn. 1.3). In den letzten Abschnitten zu den Grundlagenfächern wurde bereits die grobe Unterteilung der Sozialpsychologie in eine »empirische« und eine »interpretativ-reflexive« vorgestellt. In der Angewandten Sozialpsychologie setzt sich diese Unterteilung fort. Während die **empirische Sozialpsychologie** eher einem positivistischen Wissenschaftsideal und systemischen Menschenbild entsprechend quantifizierbare, exakte Ergebnisse liefert, arbeitet die **interpretativ-reflexive Sozialpsychologie** mehr mit dialektisch-hermeneutischen Methoden und einem dialektischen Menschenbild. Wichtig ist hier allerdings, daß sich diese zwei groben Richtungen der Sozialpsychologie nicht zwangsläufig ausschließen müssen – vielfältige Überschneidungen und gegenseitige Ergänzungen sind möglich. Außerdem arbeiten natürlich beide Richtungen *empirisch*, das heißt über konkrete Untersuchungen auf die Erfahrungswelt bezogen – wobei die methodischen Schwerpunkte und theoretischen Hintergründe verschieden sind.

Die **empirische Sozialpsychologie** beschäftigt sich im wesentlichen mit sozialen Einflußfaktoren auf *Bewußtseins- und Denkprozesse* und umgekehrt mit den Auswirkungen kognitiver Strukturen auf soziale Prozesse. Sie wendet sich allgemeinpsychologischen Phänomenen zu im Zusammenhang mit Themenfeldern wie beispielsweise Rechtsprechung, Wirtschaft, soziale Problemgruppen, Umwelt oder Gesundheitspolitik. Ihr theoretischer Hintergrund ist dabei in erster Linie der Kognitivismus. Gemäß der kognitivistischen Betrachtungsweise sozialer Zusammenhänge rückt sie einen ganz bestimmten Gegenstand in den Mittelpunkt ihrer Betrachtung: *Einstellungen*. Die Entstehung, die Funktionen, die Aufrechterhaltung und die Auswirkungen von Einstellungen bilden zentrale Themen in der empirischen Sozialpsychologie. Angewandte Konzepte zielen beispielsweise auf die Veränderung von Einstellungen gegenüber umweltschädlichen Praktiken, gesundheitsschädlichen Verhaltensweisen oder der Diskriminierung gesellschaftlicher Randgruppen ab.

Die **interpretativ-reflexive Sozialpsychologie** fragt danach, warum trotz veränderlicher Einstellungen bestimmte Erlebens- und Verhaltensweisen äußerst hartnäckig sein können, und beschäftigt sich mit den gesellschaftlichen Hintergründen der *Subjektbildung*. Dabei nimmt sie auch *unbewußte Prozesse* unter die Lupe und arbeitet stark mit psychoanalytischen Forschungsmethoden. Sie sucht nach Zugängen zum sozial verfaßten Subjekt. Ihre Projekte zielen auf die Schaffung hilfreicher Strukturen ab, die möglichst eng am sozialen Alltag – man sagt auch an der »Lebenswelt« – orientiert sind. Einen zentralen Gegenstand bildet dabei psychisches Leiden, wobei hier weniger an einzelnen Behandlungstechniken gearbeitet wird, sondern daran, wie auf die sozialen Umstände psychischen Leidens Einfluß genommen werden kann. Sie überschneidet sich im Bereich Gemeindepsychologie mit der Klinischen Psychologie und arbeitet an alternativen Möglichkeiten psychosozialer Hilfe. Auch in der Wirtschaft sind mittlerweile Konzepte der interpretativ-reflexiven Sozialpsychologie zu finden.

6. Resumeé und Ausblick

Die vorangehenden Ausführungen zur universitären Psychologie sollten einen informativen, anregenden und auch unterhaltsamen Einblick in das Studium der Psychologie vermitteln. Das Anliegen war insbesondere, zu zeigen, wie vielfältig dieses Fach ist. In der Psychologie gibt es unterschiedliche Forschungsrichtungen, Betrachtungsweisen und Gegenstände, die verschiedene Ergebnisse liefern, verschiedene Bedeutungen transportieren und in ihrer Anwendung verschiedene Konsequenzen haben. Gerade die Vielfalt der Betrachtungsweisen, Forschungsansätze, Modelle, Theorien und Praxisbezüge kann die Psychologie zu einem sehr interessanten und spannenden Studienfach machen. Sie stellt grob gesehen eine Mischung aus Natur-, Geistes- sowie Sozialwissenschaft dar und beinhaltet ein ganzes Spektrum an Licht, das auf den Menschen geworfen werden kann. Um dieses Spektrum sichtbar zu machen, wurde die Methodenlehre am ausführlichsten vorgestellt – obwohl sie im Studium sicherlich nicht den breitesten Raum einnimmt. In den unterschiedlichen Zugangsweisen zum Gegenstand »Psyche« zeigt sich am deutlichsten das vielschichtige Gesicht der Wissenschaft »Psychologie«.

Die Lehrangebote an den Universitäten sind verschieden und bieten in unterschiedlich starkem Maße die Möglichkeit, Psychologie umfassend zu studieren. Neben den an quantitativen Methoden und mechanistischen, systemischen oder humanistischen Menschenbildern orientierten psychologischen Disziplinen – man spricht hier vom *psychologischen Mainstream* – gibt es auch weitere Zugangsweisen zur Psyche – die sogenannten *reflexiven Disziplinen*. In erster Linie sind hier die Psychoanalyse und die reflexive Sozialpsychologie im Verbund mit fachübergreifenden Betrachtungsweisen zu nennen. Sie stellen den Menschen weniger in das Licht exakter Messung von Variablen, sondern betrachten ihn vielmehr aus einem sinnverstehenden Blickwinkel, der auf alltägliche Lebenswelten und den Zugang zur gesellschaftlich-historischen Bedingtheit der Psyche abzielt. Dieser Zweig der Psychologie wird seit geraumer Zeit Schritt für Schritt aus der universitären Landschaft hinausgedrängt. Das Lehrangebot an den Universitäten wird dadurch zunehmend einseitig.

Die Mainstream-Psychologie ist auf dem Weg, zur akademischen Psychologie schlechthin zu werden. Hochschulpolitisch wird sie weitgehend als die »bessere Psychologie« verstanden und bevorzugt etabliert.

Die Gründe dafür sind nachvollziehbar: Zum einen liefert sie Ergebnisse, die für die zunehmend wichtiger gewordene Computerbranche nützlich sind. Zum anderen gibt sie Konzepte an die Hand, mit denen psychische Funktionsweisen im Hinblick auf bestimmte Ziele optimiert werden können. Man sollte sich als Studentin oder Student der Psychologie nichts vormachen: Die Psychologie ist eine Wissenschaft wie alle anderen auch. Und Wissenschaft wird nicht unabhängig von gesellschaftlich-politischen Interessen betrieben, die in erster Linie wirtschaftlichen Fortschritt im Auge haben. Wissenschaft ist teuer und muß bezahlt werden – von daher muß sie was bringen. Der Zweck nicht nur psychologischer Forschung muß stets begründet werden, damit die nötigen Gelder fließen. Psychologie ist nicht per se »menschlicher« als beispielsweise BWL oder Maschinenbau. Sie kann zur Entwicklung hilfreicher Versorgungsangebote für psychisch leidende Menschen oder zur Verbesserung von Arbeitsbedingungen genauso wie zur Optimierung des Cockpits von Kampfflugzeugen dienen.

Nun geht es bei der Kritik an den hochschulpolitischen Tendenzen nicht darum, ob die Mainstream-Psychologie an sich gut oder schlecht sei. Bedauerlich ist, daß die Ausbildung im Psychologiestudium vom Lehrplan her einseitig ist bzw. wird.

Man mag beispielsweise von der *Psychoanalyse* denken, was man will. Fehlt jedoch die fundierte Vermittlung psychoanalytischen Denkens im Studium, so fehlt den Studierenden die Möglichkeit, sich mit einem in Praxis und Theorie sehr relevanten Strang der Psychologie differenziert und kritisch zu befassen.

Ein weiterer Fall ist die Benachteiligung der *Tradition reflexiver Sozialpsychologie*. Sie arbeitet weniger auf ein Durchmessen als auf ein Verstehen der Psyche hin. Damit liefert sie nicht den schnellen manipulativen Erfolg, aber dafür »hautnahen« wissenschaftlichen Zugang zum Subjekt. Sie vermittelt theoretische Erkenntnisse zur gesellschaftlichen Verfaßtheit der Psyche und die praktische Kompetenz, mit den eigenen Gefühlen in zwischenmenschlichen Beziehungen zu arbeiten – psychologische Dimensionen, die die Mainstream-Psychologie mit ihren Methoden und Modellen nicht erfassen kann. Interessieren sich Studierende der Psychologie auch für dieses Potential der Psychologie, so sind sie zunehmend darauf angewiesen, sich die entsprechenden Kenntnisse außerhalb des vorgesehenen Lehrplans zu holen. Zum einen gibt es an manchen psychologischen Instituten die Möglichkeiten, reflexive Psychologie fundiert zu erlernen. Zum anderen kann auch der Besuch von Veranstaltungen anderer Fächer wie beispielsweise

Soziologie, Philosophie oder Pädagogik für eine umfassende psychologische Ausbildung lohnen. Zur Zeit lassen die Prüfungsordnungen noch mehr oder weniger genügend Freiraum, um sich den reflexiven und fächerübergreifenden Lehrangeboten zu widmen. Allerdings ist auch dies nicht mehr gesichert. In München ist beispielsweise eine Reform der Prüfungsordnung im Gespräch, die das Zeitbudget der Studierenden weitgehend mit den Fächern der Mainstream-Psychologie füllen würde. Das Studium wird dann verschulter und weniger selbstverantwortlich aufgebaut sein. Wer reflexive Psychologie trotzdem lernen will, wird sicherlich immer irgendwie die Möglichkeit dazu finden – doch unter Umständen wird es dafür zunehmend notwendig sein, sich Zeit und Energie vom Stundenplan abzuzwacken.

Weiterhin bereitet das Studium nur äußerst bedingt auf die späteren beruflichen Möglichkeiten vor. Praktische Kompetenzen werden nur spärlich vermittelt. Der sogenannte »Praxis-Schock« wartet mehr oder weniger stark auf alle Studierenden der Psychologie. Zusätzlich zu einer guten theoretischen Ausbildung ist es von daher ratsam, sich neben dem Lehrplan auch um praktische Erfahrungen zu bemühen – beispielsweise durch Praktika und Projekte, Teilnahme an Selbsterfahrungs-Veranstaltungen oder die persönlich-fachliche Auseinandersetzung mit anderen Studierenden.

Das Studium der Psychologie bietet reichhaltig Möglichkeit, unterschiedlichsten Interessen nachzugehen. Zwar muß man dabei – wie in den meisten Studien – auch so einiges durchziehen, das Zeit und Nerven kostet und nicht unbedingt zur beruflichen Entwicklung beiträgt, doch insgesamt kann das Studium der Psychologie eine sehr lohnende und spannende Sache sein. Von der Faszination über die Wunderwelt psychischer Funktionen und die Raffinessen ihrer Erfassung bis hin zum selbsterfahrerischen Begreifen seelischer Zusammenhänge kann es viel Spaß, Freude und persönlichen Gewinn bereiten.

B. Wissenswertes rund ums Studium

1. Stellungnahmen von Absolventen

Psychologie hat mein Leben verändert. Das war zu Anfang meines Studiums so ungefähr das Letzte, was ich wollte. Wenn ich damals von Freunden und Bekannten gefragt wurde, warum ich aus einem sicheren Beruf aussteige, um so etwas Brotloses wie Psychologie zu studieren, erzählte ich etwas von »besserer Menschenkenntnis, die immer nützlich sei«. In kritikvorbeugender Absicht beeilte ich mich auch, hinzuzufügen, daß ich selbstverständlich keinen persönlichen Knacks damit heilen, sondern Psychologie so ähnlich wie zum Beispiel BWL studieren wolle. Es kam anders.

Wenn ich hier einen Teilausschnitt meiner Biographie preisgebe, will ich dadurch zwei grundsätzliche Arten, Psychologie zu begreifen und zu studieren, charakterisieren.

Einer meiner Lehrer ironisierte: »Psychologie ist immer die Wissenschaft über die anderen Menschen«. Er kennzeichnete damit treffend die Realität der universitären Psychologie. Forschung und Lehre sind überwiegend darauf ausgerichtet, Wahrscheinlichkeiten über das Verhalten anderer Menschen zu berechnen. In diesem Sinne habe ich der Psychologie, wie sie an den Universitäten vorwiegend gelehrt wird, vorzuwerfen, daß sie ein Herrschaftsinstrument zur Kontrolle und Manipulation von Menschen ist, und dabei von sich selbst glaubt, wertfreie Wissenschaft im Dienst der Menschlichkeit zu sein. Wer das Studium in derselben Absicht beginnt wie ich – nämlich andere Menschen zu durchschauen und hinter der Einwegscheibe unerkannt bleiben zu wollen, der findet im heutigen Psychologiestudium mehr als ausreichend Gelegenheit dazu, inklusive einer wissenschaftlichen Begründung, warum dies so und nicht anders zu sein hat.

Wer Psychologie anders studieren will, muß sich auf DozentInnen bzw. Veranstaltungen konzentrieren, die ein Nischendasein führen, oder selbst die entsprechenden Seminare organisieren. Dieser Möglichkeit, die zu meiner Zeit an der Münchner Universität bestand, habe ich es zu verdanken, das Studium als eine sehr »reiche Zeit« erlebt zu haben. Es hat mir unter anderem ermöglicht, die Art von Psychologie, die mir zunehmend suspekt wurde, fundiert zu kritisieren und mir darüber auch die Qualifikationen zur Ausübung meines Berufes zu erwerben. Heute arbeite ich als psychologischer Gutachter in Sorgerechtsstreitigkeiten.

Wenn ich so etwas wie einen Ratschlag weitergeben soll, so würde der erste lauten: Mach vor allem das, was Dich interessiert, und nicht das, was »man« machen sollte. Der zweite: Die beste Voraussetzung, um sich ebenso gründlich wie lustvoll psychologisch zu qualifizieren, besteht in einem persönlichen »Knacks«, dem man per Studium zu Leibe bzw. zu Seele rücken möchte. In Abwandlung eines neuzeitlichen Sprichwortes könnte man auch sagen: »Die besten Kritiker der Elche sind immer selber welche.«

Armin Zemann (36)

Nachdem ich nun seit 1½ Jahren mit dem Studium fertig bin, arbeite ich als Berater in einem sozialpsychiatrischen Dienst und als Lehrbeauftragter an einer Schule für Logopädie. Meine berufliche Entwicklung hängt dabei eng mit meiner persönlichen Entwicklung zusammen – die nicht zuletzt durch die Erfahrungen während des Studiums geprägt ist.

Als ich mit dem Studium begann, war ich 21 Jahre jung. Mein Interesse an Psychologie speiste sich aus zwei Quellen: Die Lust an der theoretischen Auseinandersetzung mit psychischen und gesellschaftlichen Phänomenen und die praktische Erfahrung in der Arbeit mit psychisch gestörten Menschen aus meinem Zivildienst. Im Rückblick kann ich sagen, daß ich mich mit diesem Interesse im Studium wiederfinden konnte.

Am Anfang des Studiums war ich ausschließlich darauf bedacht, alle Scheine, die nötig waren, zusammenzubringen. Ich nahm das, was mir vorgesetzt wurde, und war Einzelkämpfer. Meine Einstelllung veränderte sich dann durch die Erfahrungen in einer Lerngruppe für die Vordiplomprüfungen. Die intensiven Diskussionen über die Lerninhalte – nicht nur auf theoretischer Ebene, sondern auch auf dem Hintergrund eigenen Erlebens – waren eine völlig neue Welt für mich. Die Atmosphäre gegenseitiger Unterstützung und Akzeptanz, verbunden mit durchaus hitzigen kontroversen Diskussionen, machte das Lernen effektiv und leicht. Das gemeinsame Arbeiten führte dazu, daß ich sehr viel selbstbewußter und wählerischer mit dem Studium umging. Im Hauptstudium ließ ich mir mehr Zeit und Freiraum, auch »exotische« Veranstaltungen zu besuchen. Ich ließ mir mein Studium nicht mehr vom Lehrplan diktieren, sondern suchte meine Nischen. In der Verknüpfung von Theorie und Praktikum im Rahmen eines dreisemestrigen Studien-Projekts war es mir möglich, meinen Anspruch als kritischer Psychologe in der praktischen Arbeit zu verwirklichen.

Ein weiterer Knackpunkt war die Selbsterfahrung in der Praktikums-Supervision im Rahmen des Vertiefungsfachs. Ich wurde dabei auf meine eigenen Anteile in den Beziehungen zu den Klienten aufmerksam. Ich war irritiert und fasziniert von diesen Erkenntnissen und suchte mir deshalb eine Selbsterfahrungsgruppe. Die Jahre in dieser Gruppe waren für meine persönliche und berufliche Entwicklung sehr wichtig.

Manchmal hätte ich gerne die Chance, noch einmal zu studieren – mit all den Erfahrungen, die ich mittlerweile gemacht habe.

Ralf Quindel (29)

Entdeckungsreise

»Das kann ich auf keinen Fall«. Ein Gedanke, der mir den Wunsch nach mehr Wissen bzw. systematischer Aneignung von Lehrinhalten verschloß. Aber eine Auseinandersetzung mit FreundInnen half, diese innere Grenze zu überwinden. Das spielte sich vor 15 Jahren ab. Ich kam mir zu alt vor. Die Schwelle, mein 40. Lebensjahr lag noch vor mir. Sie zu erreichen, ohne etwas Grundlegendes in meinem Leben zu ändern, brachte mich auf Trab. Ich sah die Chance und argumentierte nicht mehr mit selbstabwertenden Tendenzen.

Nach dem Begabtenabitur über den zweiten Bildungsweg faszinierte mich zuerst die Fülle an Möglichkeiten – und schließlich fiel die Entscheidung für das Psychologiestudium.

Im Studium wählte ich den Schwerpunkt Gerontopsychologie (Psychologie des Alterns). Ich hatte erkannt, daß in diesem Bereich durch die Überalterung unserer Gesellschaft neue Wege eingeschlagen werden müssen. Ich wollte bei diesen innovativen Erkenntnissen dabei sein – nicht nur lernend und forschend, sondern auch, um mir selbst eine Basis für mein eigenes Altern zu schaffen. In einem einjährigen Praktikum vor dem Studium erprobte ich dafür meine Fähigkeiten im Umgang mit gerontopsychiatrischen Patienten im Bezirkskrankenhaus Haar.

Beim Start ins Studium kamen auch alte Bezüge zur Kunst und Architektur zum Tragen. Beispielsweise nahm ich im Hauptstudium die Chance wahr, ein Kunst-im-öffentlichen-Raum-Projekt im Bezirkskrankenhaus Haar anzustrengen.

Die Entdeckungsreise war in ganz selbständigen Projekten verlaufen. Und da ich durch Gremienarbeit meinerseits auch die Uni mitgestalten wollte, schloß ich mich der Fachschaft an. Ich war eine Vollblutstudentin. Motiviert und engagiert lebte ich in diesem Rahmen – mit viel Lust. Da waren Lerninhalte gut, sie mit einem schönen Essen zu verbinden. Klausuren auf Berghütten oder in Ferienwohnungen wurden zum Erlebnis.

Der Abschied nach 12 Semestern an der Uni fiel mir schwer. Die Arbeitslage war nicht sehr aussichtsreich. Ich arbeitete zuerst freiberuflich in der Erwachsenenbildung – dann bekam ich zwei Chancen: Mit einer Gruppe von Studentinnen sollte ich ein kunsttherapeutisches Frauenprojekt auf die Beine stellen, und mit KollegInnen nahm ich ein Forschungsprojekt in einer gerontopsychologischen Einrichtung an. Natürlich gab es dabei auch harte Zeiten, Verunsicherungen und Überstunden, die ich zu bewältigen hatte. Doch schließlich erhielt ich für meine Arbeit in dem gerontopsychologischen Forschungsprojekt den ersten Preis bei der Schader-Stiftung. Diese Annerkennung eines Wissenschaftszentrums gab mir eine große Genugtuung.

Meine Entdeckungsreise hat einen emanzipativen Charakter. Ich forderte mich selbst heraus und wagte einfach meine Interessen in den Raum zu stellen. Das brachte mir die Kraft und die Begeisterung.

Seit zwei Jahren bin ich in psychoanalytischer Ausbildung. Die Entfaltungsmöglichkeiten sind noch nicht ausgeschöpft. Die anfängliche Unsicherheit im Anpacken von Neuem ist heute kein Thema mehr. Ich setze meine Entdeckungsreise fort.

Bärbel Gugger (53)

2. Fakten zum Studium

2.1 Studiengänge: Welche Wege habe ich bis zum Studienabschluß?

Um Psychologe/Psychologin mit der Berufsbezeichnung »Dipl.Psych.« zu werden, studiert man das Fach Psychologie im **Diplomstudiengang**. Er stellt das eigentliche Psychologiestudium dar.

Einen Magisterstudiengang mit Psychologie als Hauptfach gibt es nicht. Allerdings kann Psychologie in allen **Magisterstudiengängen** (z.B. Politologie, Philosophie, Germanistik usw.) als Nebenfach gewählt werden. Im Rahmen von **Lehramtstudiengängen** kann lediglich das Fach Schulpsychologie in die Fächerkombination integriert werden.

2.1.1 Diplomstudiengang

Der Diplomstudiengang Psychologie gliedert sich in ein Grund- und Hauptstudium. Im Grundstudium werden die zentralen Inhalte aller Grundlagenfächer gelehrt. Im Hauptstudium werden die Grundzüge der anwendungsbezogenen Fächer vermittelt und ein oder zwei Fächer vertieft. Vor allem im Hauptstudium gibt es im Lehrangebot von Uni zu Uni deutliche Unterschiede, und man sollte sich schon vor dem Studium über das spezifische Lehrangebot an den Universitäten bei der Studentenberatung informieren.

Die Studienordnung für das Grundstudium ist an den Unis zwar nicht überall gleich, aber im großen und ganzen ähnlich. Die Grundlagenfächer werden im Vordiplom geprüft; als Voraussetzung für das Vordiplom müssen bestimmte Scheine (z.B. in Statistik, experimenteller Psychologie, Philosophie und selbstgewählten psychologischen Fächern) gemacht werden.

Im Hauptstudium müssen in mehreren anwendungsbezogenen Fächern Scheine erworben, die Schwerpunkte vertieft und in der Regel zwei 6wöchige Praktika geleistet werden. Den Abschluß des Studiums bilden die Diplomarbeit und die Diplomprüfungen.

Insgesamt bleiben im Rahmen der Studienordnung noch genügend Freiräume, um die Inhalte des Studiums in großem Maße selbstverantwortlich zu gestalten und fachlichen Interessen auch unabhängig vom Prüfungsdruck nachzugehen. Im Sinne einer fundierten Ausbildung und dem Erwerb fachlicher Kompetenzen sollten diese Freiräume auch genutzt werden.

Studienablauf

▶ Grundstudium (Erwerb von Scheinen)
▶ Vordiplomprüfung
▶ Hauptstudium (Erwerb von Scheinen, 1-2 Vertiefungsfächer, 2 Praktika)
▶ Diplomarbeit
▶ Diplomprüfungen

2.1.2 Schulpsychologie im Lehramtsstudium

Der Lehramtsstudiengang gibt ein bestimmtes Berufsbild vor; Lehramtsstudenten werden i.d.R. also Lehrer – durch das Studium der Schulpsychologie meist Lehrer mit zusätzlichen Aufgaben wie Beratung und Diagnostik. Dabei kann bzw. muß man sich vor Beginn des Studiums für das Lehramt an einer bestimmten Schulform entscheiden. Hier gibt es die folgenden Möglichkeiten:

▶ Lehramt an Grund- und Hauptschulen

▶ Lehramt an Realschulen bzw. an Haupt- und Realschulen

▶ Lehramt an Gymnasien

▶ Lehramt an beruflichen Schulen

Je nachdem, für welche Schulform man sich entschieden hat, fällt auch die Prüfungsanforderung und dementsprechend der Studienablauf unterschiedlich aus. Für alle Lehramtsstudiengänge gilt jedoch folgendes:

Als Lehramtsstudent studiert man das Fach »Schulpsychologie« zusammen mit einem oder zwei weiteren Fächern. Welche Fächerkombinationen möglich sind, hängt vom Bundesland und vom Angebot der jeweiligen Universität ab. Auch die Prüfungsordnungen sind in den verschiedenen Bundesländern und Unis unterschiedlich.

Bei der Wahl der Universität ist bereits miteinzubeziehen, in welchem Bundesland man später als Lehrer tätig sein möchte; denn das jeweilige Lehramtsstudium wird eventuell nur in dem Bundesland akzeptiert, in dem es absolviert wurde. Bei einem Wechsel muß man damit rechnen, daß einige Prüfungen nachträglich abzulegen sind.

Im Lehramtsstudiengang gibt es Pflichtveranstaltungen, und die freie Wahl der Seminare und ihrer Themen ist relativ beschränkt, da die Abschlußprüfung ein breit angelegtes und vorgeschriebenes Wissensspektrum erfordert, bei dem spezielle fachliche Interessen kaum von Nutzen sind.

Während des Studiums müssen in der Regel Schulpraktika geleistet werden, bei denen man für eine gewisse Zeit an einer Schule tätig ist.

Die staatliche Hochschulabschlußprüfung (d.h. die Prüfungsanforderungen u.ä. werden vom jeweiligen Kultusministerium festgelegt) nach dem Studium, das 1. Staatsexamen, besteht aus einer Vielzahl von Einzelprüfungen, wobei sich der Prüfungszeitraum meist über eine längere Zeit erstreckt.

Studienablauf

▶ Grundstudium (Erwerb einer bestimmten Anzahl an Scheinen)

▶ Zwischenprüfung

▶ Hauptstudium (Erwerb bestimmter Scheine)

▶ 1. Staatsexamen (schriftliche Hausarbeit sowie mehrere schriftliche und mündliche Einzelprüfungen)

▶ 2jährige Referendarzeit an einer bzw. auch an zwei Schulen

▶ 2. Staatsexamen (schließt die Ausbildung für das Lehramt ab)

2.1.3 Psychologie als Nebenfach im Studiengang Magister Artium

Als Magisterstudent studiert man mehrere Fächer, meist 1 Hauptfach und 2 Nebenfächer oder 2 Hauptfächer. Welche weiteren Fächer man mit dem Nebenfach Psychologie kombiniert, hängt vom eigenen Interesse, von dem jeweils vorhandenen Angebot sowie von den zulässigen Fächerkombinationen an der jeweiligen Universität ab. Im allgemeinen sind hier viele Kombinationen möglich. Hat man schon ein bestimmtes späteres Tätigkeitsfeld ins Auge gefaßt, dann ist es sinnvoll, auch die Fächerkombination bereits darauf auszurichten. Will man z. B. im Medienbereich tätig werden, dann bietet es sich an, Psychologie als Nebenfach in Kombination mit Kommunikationswissenschaft, Kunstgeschichte, Germanistik oder Theaterwissenschaft zu studieren.

Die Wahl der Veranstaltungen ist für Magisterstudenten kaum eingeschränkt, da man sich im Hinblick auf die abschließende Prüfung nicht vorrangig um ein möglichst breit angelegtes Wissen kümmern muß. Allerdings können einige Veranstaltungen, die ausschließlich für Studierende des Diplomstudiengangs reserviert sind, nicht besucht werden.

Die Magisterstudienordnung wird von der jeweiligen Uni und nicht vom Kultusministerium festgelegt; denn die Magisterprüfung ist eine akademische und keine staatliche Prüfung.

Nach dem Grundstudium muß häufig eine Zwischenprüfung abgelegt werden, bevor man das Hauptstudium aufnehmen und entsprechende Veranstaltungen wahrnehmen kann. Diese Prüfung wird ebenfalls von der Uni bzw. dem jeweiligen Institut festgelegt.

Studienablauf

▶ Grundstudium (die jeweilige Universität bzw. Magisterprüfungsordnung bestimmt Anzahl und Art der erforderlichen Scheine)

▶ Zwischenprüfung (berechtigt zur Aufnahme des Hauptstudiums)

▶ Hauptstudium (Schwerpunkte im Hinblick auf die Magisterarbeit, bestimmte Anzahl an Scheinen)

▶ Magisterprüfung

2.2 Veranstaltungsformen

2.2.1 Vorlesung

In der Vorlesung referiert ein Dozent vor einem größeren Studentenpublikum zu einem bestimmten Thema; das Thema der Vorlesung widmet sich meist einem Teilgebiet des Fachs. Vorlesungen sind in den meisten Fällen sowohl für Studenten im Grundstudium wie auch für solche im Hauptstudium gedacht. Im Gegensatz zu den Seminaren geht es hier jedoch nicht darum, bestimmte Probleme des Fachs im Plenum zu diskutieren, sondern das darin angebotene Wissen zu verstehen und sich anzueignen. So schreiben manche Studenten mit, andere hören mehr – oder auch weniger – aufmerksam zu. Natürlich besteht aber immer die Möglichkeit – und die sollte man nutzen –, Fragen zu stellen, sofern man einen bestimmten Punkt nicht verstanden hat. Vorlesungen sind üblicherweise fakultative Veranstaltungen, sie schließen auch nicht mit einem Schein ab, man kann lediglich das darin aufgenommene Wissen »nach Hause tragen«. Es gibt im Psychologiestudium allerdings auch obligatorische Vorlesungen, die mit einer Prüfung abschließen. Wie so vieles, ist auch dies von Uni zu Uni verschieden geregelt.

2.2.2 Seminare

Anders als Vorlesungen bieten die Seminare Raum zur aktiven Mitarbeit. D.h., in Seminaren geben die jeweiligen Dozenten die Möglichkeit zur fachlichen Diskussion und eigenen Beteiligung. In den meisten Seminaren werden die Sitzungen für Referate der Teilnehmer und die sich daran anschließende Diskussion genutzt. Die Referate sollen bestimmte Teilthemen des Seminarthemas vermitteln und selbständig (jedoch unter Betreuung des Dozenten) – alleine oder in Gruppen – erarbeitet werden. Der Ablauf von Seminaren kann sich ganz unterschiedlich gestalten. Die klassische »Referat-Form« ist zwar die gebräuchlichste, aber nicht die einzige. Gerade im Fach Psychologie werden auch alternative didaktische Formen wie beispielsweise Gruppenarbeit, Rollenspiel oder selbsterfahrerische Reflexionen verwendet.

Die Teilnehmerzahl ist in Seminaren häufig beschränkt. In der Regel schließen Seminare mit einem Schein ab, den man über Anwesenheit, eine bestandene Klausur, ein gehaltenes Referat und/oder eine Seminararbeit erhält.

2.2.3 Kolloquium

Es gibt mehrere Arten von Kolloquien:

▶ Veranstaltungsbegleitende Kolloquien bzw. Tutorien: Sie sind meist einer Vorlesung oder einem Seminar zugeordnet und haben dann das Ziel, die dort vermittelten Inhalte in einem anderen Rahmen vor- bzw. -nachzubereiten und zu vertiefen.

▶ Kandidatenkolloquien stellen arbeitsintensive Kurse dar, die die Möglichkeit zur Vorbereitung auf eine Abschlußprüfung bieten.

▶ Diplomanden- oder Doktorandenkolloquien bieten einen Raum, um über die Diplom- oder Doktorarbeiten der Teilnehmer zu sprechen. Hier werden oft auch neueste Forschungsbeiträge und Spezialgebiete vorgestellt und diskutiert.

2.3   Leistungsnachweise: Welche Hürden sind zu nehmen?

Leistungsnachweise sind in etwa mit Zeugnissen zu vergleichen. Im Studium gibt es v. a. zwei Arten von Leistungsnachweisen: Scheine und bestandene Prüfungen.

2.3.1 Scheine

Die jeweiligen Prüfungsordnungen legen in der Regel fest, wie viele und gegebenenfalls welche Scheine man vorweisen muß, um sich für die entsprechende Prüfung anzumelden. Zu einem Schein kommt man über die »erfolgreiche Teilnahme« an einem Seminar o.ä. Diese »erfolgreiche Teilnahme« kann die regelmäßige Teilnahme sowie eine bestandene Klausur darstellen, sie kann aber auch an ein gehaltenes Referat sowie die Abgabe einer schriftlichen Seminararbeit gebunden sein.

2.3.2 Prüfungen

Zwei Arten von Prüfungen müssen Studierende im Diplomstudiengang Psychologie durchlaufen: Zum einen die Diplom-Vorprüfung, die das Grundstudium abschließt und meist zur Aufnahme des Hauptstudiums und damit der entsprechenden Veranstaltungen berechtigt. Und zum anderen die Diplomprüfung, die das Hochschulstudium abschließt und bei bestandener Prüfung den Diplom-Titel verleiht. Um sich für die Diplom-Vorprüfung – oder die Diplomprüfung – anmelden zu können, muß man eine bestimmte Anzahl von Scheinen vorweisen. Diese muß man bis dahin über den Besuch von Seminaren oder entsprechenden Veranstaltungen erworben haben. Erst dann kann man zur Prüfung antreten. Für jede Prüfung gibt es eine entsprechende Prüfungsordnung, die die Prüfungsvoraussetzungen wie auch die Prüfungsanforderungen festlegt. Man sollte sie sich auf alle Fälle frühzeitig beim jeweiligen Prüfungsamt besorgen, um früh genug zu wissen, welche Wissensgebiete man sich bis zur Prüfung (am besten über den Besuch von entsprechenden Veranstaltungen) angeeignet haben muß.

Diplom-Vorprüfung

Die Diplom-Vorprüfung »sollte« oder kann nach dem 4. Fachsemester abgelegt werden. An manchen Unis muß sie spätestens nach dem 6. Fachsemester stattfinden. Die Diplom-Vorprüfung besteht meist aus 6 zwei- oder mehrstündigen schriftlichen Klausuren.

Diplomprüfung

Die Inhalte der Diplomprüfung hängen von der Prüfungsordnung und den Lehrangeboten der jeweiligen Universität ab. Trotz dieser Unterschiede gibt es allerdings Gemeinsamkeiten, die im folgenden kurz umrissen werden.

Die Abschlußprüfung umfaßt mehrere Prüfungsteile:

▶ **Diplomarbeit:**
Dies ist eine schriftliche Hausarbeit, in der die Fähigkeit zum wissenschaftlichen Arbeiten bewiesen werden muß. Das Thema wird in der Regel von den Studierenden selbst gewählt und mit dem betreuenden Professor abgesprochen. Die Diplomarbeit wird offiziell in einem Zeitrahmen von 6 Monaten erstellt – Verlängerungen sind jedoch möglich und üblich. Der Umfang bewegt sich um die 100 Seiten.

▶ **schriftliche Klausur** in den jeweiligen Vertiefungsfächern

▶ **schriftliche oder mündliche Prüfungen** in mehreren vorgegebenen Fächern

▶ **ein Schein** in einem frei gewählten Nachbarfach

3. Studiumorganisation, Studien-anforderungen

3.1 Formales und Formalitäten

3.1.1 Studienvoraussetzungen

▶ **Allgemeine Hochschulreife** (also keine Fachhochschulreife):
Diese wird durch ein bundesdeutsches Reifezeugnis (Abitur) oder einen gleichwertigen Bildungsnachweis (beim 2. Bildungsweg) bestätigt. Wer keine bundesdeutsche Hochschulreife, sondern die eines anderen Lands besitzt, muß sich rechtzeitig um die Anerkennung bemühen.

▶ **Zulassungsbeschränkungen**:
Für den Diplomstudiengang Psychologie gibt es an allen deutschen Universitäten Zulassungsbeschränkungen; sie werden von der ZVS geregelt. Der Zulassungsantrag ist bei der ZVS zu stellen. Wichtig dabei ist, die Bewerbungsfristen zu beachten. Informationen sind über die Studentensekretariate an den jeweiligen Unis sowie bei der ZVS zu beziehen.

3.1.2 Immatrikulation

Den Anfang des studentischen Lebens bildet die Immatrikulation. Normalerweise muß man zur Immatrikulation persönlich im Studentensekretariat erscheinen. Auch hier sind die kurzen Einschreibefristen zu beachten. Die genauen Termine sind beim jeweiligen Studentensekretariat zu erfahren.

Für die Einschreibung sind folgende Unterlagen mitzubringen:

▶ Zulassungsbescheid der Universität (soweit eine Zulassungsbeschränkung besteht)

▶ Original und beglaubigte Kopie des Reifezeugnisses

▶ Versicherungsnachweis der Krankenversicherung

▶ 3-4 Paßbilder

▶ gegebenenfalls polizeiliches Führungszeugnis

▶ Beleg über die bezahlten Sozialgebühren (auch Studentenwerksbeitrag genannt), die in jedem Semester neu zu bezahlen sind.

Hat man sich offiziell an der jeweiligen Universität eingeschrieben, bekommt man Studienbuch und Studentenausweis ausgehändigt. Im Studienbuch werden alle studienrelevanten Vorkommnisse festgehalten: belegte Lehrveranstaltungen, abgelegte Prüfungen, Fach- und Hochschulwechsel. Das Studienbuch muß sorgfältig aufbewahrt werden, da es bei der Anmeldung zur Abschlußprüfung (entsprechend ausgefüllt) vorzulegen ist. Der Studentenausweis ist Einlaßberechtigung für alle Hochschuleinrichtungen. Nicht zu vergessen sind hier auch die zahlreichen Preisermäßigungen, zu denen der Studentenausweis verhilft.

3.1.3 Rückmeldung

Um den Studentenstatus nicht schon während des Studiums zu verlieren, muß man sich zu Beginn jedes Semesters, in vielen Fällen auch am Ende eines Semesters bereits für das kommende zurückmelden. Die Termine sowie die Rückmeldeverfahren sind hochschulintern unterschiedlich geregelt. Hat man die Rückmeldung versäumt, dann hat man für das jeweilige Semester seinen Studienplatz verloren. Bei der Rückmeldung mitzubringende Unterlagen sind:

- Versicherungsnachweis der Krankenversicherung
- Studentenausweis
- Antrag zur Rückmeldung
- In vielen Fällen ist der Studentenwerksbeitrag für das kommende Semester vor der Rückmeldung zu bezahlen.

3.1.4 Beurlaubung

In bestimmten Fällen kann man sich vom Studium beurlauben lassen, z. B. bei Krankheitsfällen, längerfristigen Praktika oder Auslandsaufenthalten. Das kann mitunter wichtig für die Semesterzählung im Zusammenhang mit Prüfungsterminen sein. Die Studentensekretariate geben hierzu detaillierte Auskünfte. Ein beurlaubter Student bleibt Student mit allen studentischen Rechten. Lediglich die Verpflichtung, an Lehrveranstaltungen teilzunehmen, entfällt.

3.1.5 Exmatrikulation

Sich exmatrikulieren heißt nichts anderes, als sich von der Hochschule abmelden, z. B. wegen eines Studienortswechsels oder nach erlangtem Hochschulabschluß. Hat man die Rückmeldung versäumt, wird man zwangsexmatrikuliert. Bei einem gewünschten Hochschulwechsel ist die Exmatrikulation an der bisherigen Hochschule Voraussetzung für die Immatrikulation an der neuen Hochschule.

3.1.6 Weitere studiumrelevante Begriffe und Informationen

- **Regelstudienzeit**: Die Regelstudienzeit entspricht der minimalen Zeit (Semesteranzahl), in der es theoretisch möglich ist, das Studium zu beenden.
- **Höchststudiendauer**: Die Höchststudiendauer entspricht der maximalen Zeit (Semesteranzahl), in der die Abschlußprüfung einmal abgelegt werden muß.

▶ **Förderungshöchstdauer**: Die Förderungshöchstdauer entspricht der maximalen Zeit (Semesteranzahl), in der man Anspruch auf eine Studienförderung hat.

3.2 Tips zum Aufbau des Studiums

3.2.1 Grundstudium

Im Grundstudium muß man erst mal die nötigen Scheine machen, um zur Diplom-Vorprüfung zugelassen zu werden. Zusätzlich muß man sich durch Vorlesungen, Seminare oder anderweitige Quellen das nötige Wissen für die Fächer der Diplom-Vorprüfung verschaffen. Dies nimmt in der Regel vier bis sechs Semester in Anspruch. Dabei bleibt an den meisten Universitäten bisher noch genügend Freiraum, um sich hinsichtlich des Fachs Psychologie zu orientieren. Man hat die Möglichkeit, über den Besuch von verpflichtenden Veranstaltungen und den Erwerb von Scheinen hinaus auch andere, interessante und lohnende Veranstaltungen zu besuchen. Es empfielt sich, nicht nur das reine Pflichtprogramm zu absolvieren, da man dadurch zu wenig und nur sehr einseitig lernt, was Wissenschaft im allgemeinen und Psychologie im speziellen ist. Im Psychologiestudium ist es wichtig, auch über die Fachgrenzen hinauszuschauen – nicht zuletzt, um das eigene Fach zu begreifen. Der Anschluß an die Fachschaft oder andere studentische Initiativen kann hierfür auch sehr hilfreich sein.

3.2.2 Hauptstudium

Im Hauptstudium wählt man ein oder zwei Vertiefungsfächer. Diese werden dann fundiert studiert und sind häufig auch mit praktischen Erfahrungen verbunden. Man bekommt hier mehr oder weniger konkrete Einblicke in die Anwendung psychologischer Disziplinen. Meistens sind auch ein oder zwei Praktika in den entsprechenden Gebieten der Psychologie zu machen und an der Uni zu reflektieren. Eine Verzahnung von Theorie und Praxis ist hier sehr sinnvoll. Von entscheidender Bedeutung ist auch der intensive Austausch mit KommilitonInnen und DozentInnen in den Vertiefungsfächern. Die Inhalte und Lernerfahrungen werden dabei gemeinsam mit anderen erarbeitet.

Die anderen Fächer, die nicht vertieft werden, fallen im Hauptstudium nicht weg. Durch Vorlesungen und Seminare werden in den restlichen Fächern Grundkenntnisse erworben und auch Leistungsnachweise verlangt.

3.2.3 Diplomarbeit

Für die Diplomarbeit ist es ratsam, kein völlig unbekanntes Thema zu wählen, sondern ein Gebiet, in das man in Grundzügen einigermaßen eingearbeitet ist. Oft ist es nützlich, ein Seminar zu besuchen, das die Möglichkeit bietet, mit anderen fachlich und auch persönlich über die Arbeit (Gliederung, Wahl der Beispiele, Verständlichkeit der Argumentation, neueste Literatur etc.) zu diskutieren. Am meisten empfielt es sich, sich einer Diplomandengruppe anzuschließen, da dort wissenschaftliche und auch nicht-wissenschaftliche Sorgen und Nöte geteilt werden können. Falls möglich, sollte man auch versuchen, mit DozentInnen Kontakt aufzunehmen, die sich bereits mit dem gewählten Thema beschäftigen. Meist werden diese auch zu den offiziellen Betreuern der Arbeit. Man sollte bei der Wahl des Betreuers darauf achten, daß man sich gut mit ihm versteht und er sich ausreichend Zeit für die Betreuung nimmt.

3.2.4 Prüfungen

Grundsätzlich sollte man sich über Art, Themengebiete und Anzahl der Einzelprüfungen in der jeweiligen Prüfungsordnung informieren. Die Wahl der Prüfer – sofern möglich – ist genau zu überlegen. Eine Orientierung bieten die Seminare, in denen man feststellen kann, mit welchen prüfungsberechtigten DozentInnen man am besten zurechtkommt.

3.3 Welche Veranstaltungsformen für welche Ziele?

3.3.1 Vorlesungen

Vorlesungen sind bestens dazu geeignet, sich ein breites Wissen anzueignen, das oftmals aber auch recht oberflächlich bleibt. Meist hat man darin die Möglichkeit, sich einen groben Überblick über einen Teilbereich des Fachs zu verschaffen. Übersehen werden sollte jedoch nicht, daß Vorlesungen wahrscheinlich einmal aufgrund des Büchermangels entstanden sind. So könnte man den Sinn der Vorlesung heute wahrlich in Frage stellen – solange darin ein Dozent in der Tat ein Buch »vorliest«. Ebenso wenig Sinn macht es daher, die gesamte Vorlesung mitzuschreiben. Man sollte selbst herausfinden, ob sich eine Thematik besser durch Zuhören oder Lesen einprägt. Der Gewinn aus einer Vorlesung hängt dabei auch ganz wesentlich von den didaktischen und sprachlichen Fähigkeiten des Dozenten ab.

3.3.2 Seminare

In Seminaren wird Wissen gemeinsam mit anderen in Diskussionen erarbeitet. Meist werden in Seminaren auch Referate gehalten. Durch zu lange Referate nehmen Seminare nicht selten die Form von Vorlesungen an. Gute Referate bieten den anderen Teilnehmern allerdings einen Einstieg in das Thema der Sitzung und eine gemeinsame Diskussionsgrundlage. Durch den Austausch und die Auseinandersetzung mit anderen haben Seminare in der Regel einen nachhaltigeren Lerneffekt als Vorlesungen.

3.3.3 Arbeitsgruppen

Sinnvoll ist es, sich mit anderen Studierenden zusammen in einer Arbeitsgruppe auf eine Prüfung vorzubereiten. Die Gründung einer Arbeitsgruppe ist aus psychischen wie auch fachlichen Gründen empfehlenswert und nur von Vorteil. Denn erstens wissen viele Köpfe mehr als einer, und zweitens kann man über die eigenen fachlichen Probleme diskutieren und ist damit nicht nur auf sich selbst angewiesen. Laut einiger Dozenten schneiden z. B. Studierende, die in Arbeitsgruppen gelernt haben, bei Prüfungen erfahrungsgemäß besser ab. Arbeitsgruppen kommen i.d.R. nur durch Eigeninitiative der Studenten zustande. Man muß sich also selbst darum bemühen.

4. Handwerkszeug und Hilfsmittel für das Studium

4.1 Bibliographieren

Das richtige Bibliographieren, d. h. das Zusammensuchen und -stellen der für ein Thema relevanten Literatur, stellt einen wichtigen Bestandteil der schriftlichen wissenschaftlichen Arbeit dar. In den meisten Bibliotheken kann man sowohl nach dem Autor wie auch nach einem Schlagwort suchen. Die Literaturliste der in einer Arbeit verwendeten Literatur heißt Bibliographie. Sie muß in jeder schriftlichen wissenschaftlichen Arbeit (ob Hausarbeit oder Dissertation) auftauchen. Zu der Frage »how to handle Bibliographie« sind in mehreren Reihen Beiträge erschienen (z.B. auch in der Dudenreihe). Ein fiktives Beispiel für eine korrekte Literaturangabe wäre:

> *Schlaumi, Otto (1996): Das Buch der sieben Siegel. Einführung in das große Geheimnis. OPS-Verlag, München.*

4.2 Referate schreiben – halten – diskutieren

In den meisten Seminaren nehmen Referate eine wichtige Position ein. Die Seminarsitzungen werden durch Referate und sich daran anschließende Diskussionen von Studierenden mitgestaltet.

Ein Referat sollte einen klaren, logisch gegliederten Aufbau haben. Das Thema ist so darzustellen, daß die anderen Seminar-Teilnehmer, die sich nicht mit dem Thema beschäftigt haben, verstehen, um was es sich im wesentlichen handelt. Für die Seminarsitzung, in der das Referat dann gehalten wird, ist es sinnvoll, ein sogenanntes Thesen- oder Arbeitspapier vorzubereiten und auszugeben. Dieses Arbeitspapier enthält die Gliederung des Referats und kurze, stichpunktartige Ausführungen zu den einzelnen Gliederungspunkten. Diese Papiere erleichtern die Referatssituation sowohl für den Referenten als auch für die Zuhörer, die so eine Orientierungshilfe während des Vortrags und eine gute Grundlage für die anschließende Diskussion haben. Außerdem entfällt damit das lästige Mitschreiben.

Es ist ratsam, Referate so weit wie möglich frei zu halten. Nichts ist ermüdender als ein monoton vorgelesenes Referat. Vor allem gilt es zu bedenken, daß der Referent lediglich die Aufgabe hat, das Thema darzustellen und auf bestehende fachliche Probleme im Hinblick darauf hinzuweisen. Das Referat sollte i. d. R. kurz sein.

4.3   Eine Seminararbeit erstellen

In den meisten Fällen erhält man einen Schein durch das Halten eines Referats und dessen schriftliche Ausarbeitung (Seminararbeit). Dabei kann die Gliederung des Referats zum Inhaltsverzeichnis der Seminararbeit umgearbeitet werden. Die Art und Weise, wie man eine wissenschaftliche Arbeit anfertigt, wird häufig in Einführungskursen ausführlich besprochen. Seminararbeiten sollten einen klar gegliederten Aufbau erkennen lassen und zusätzlich über ein Inhaltsverzeichnis, Fußnoten (für die Quelle von Zitaten und Anmerkungen, die sich schlecht in den Text integrieren lassen) und eine Bibliographie verfügen. Mit das Wichtigste an einer Seminararbeit ist die Fragestellung und die eigenständige Argumentation. Nimmt man für die eigene Argumentation fremde Ideen (aus der durchgearbeiteten Literatur) zu Hilfe, müssen diese als Zitate gekennzeichnet werden.

Im folgenden sind noch ein paar Punkte aufgeführt, die man beim Schreiben einer Seminararbeit beachten sollte:

▶ Rechtzeitig die für den Fall relevante Literatur recherchieren, besorgen und aufmerksam durcharbeiten.

▶ Das Thema anfangs vorstellen und eingrenzen.

▶ In die Arbeit integrierte oder übernommene Passagen aus der verwendeten Literatur als Zitate ausweisen.

▶ Die richtige, d.h. für das Thema sinnvolle Fragestellung finden, unter der das Thema behandelt wird.

▶ Behauptungen nicht einfach aufstellen, sondern Aussagen durch Argumente und Belege stützen.

▶ Es ist nicht Aufgabe einer Seminararbeit, alle Fragen zum Thema zu beantworten, sondern einen sinnvollen Diskussionsbeitrag bzw. Denkanstoß zum Thema zu liefern.

4.4   Lernen auf Klausuren

Bei bevorstehenden Klausuren ist es sinnvoll, mit dem jeweiligen DozentInnen über die optimale Vorbereitung zu sprechen. Der Stoff der Klausur sollte klar eingegrenzt und überschaubar sein. Beim Lernen empfielt es sich, den Stoff nicht nur zu »pauken«, sondern aktiv zu bearbeiten (eigene Skripten erstellen, Unterstreichungen machen, mit Farben arbeiten usw.), d.h. ihm eine eigene Struktur zu geben. Dieser Ratschlag stützt sich auch auf Erkenntnisse aus der Lern- und Gedächtnispsychologie. Im übrigen lernt man im Studium die wichtigsten Lerngesetze. Ob man dies für sich selbst auch nutzt, ist eine andere Frage – auf jeden Fall kann die Berücksichtigung von Lerngesetzen und die Anwendung von Lernstrategien Streß und Zeitaufwand beträchtlich minimieren.

5. Orientierungshilfen, Kontaktgruppen, Studentenorganisationen

5.1 Studienberatung

5.1.1 Allgemeine Studienberatung

Die allgemeine Studienberatung informiert fachübergreifend zu Studien- und Berufswahl, über die Hochschule selbst und zu Fragen der eigenen Studiensituation. Persönliche Einzelberatung wird ebenso angeboten wie Gruppenberatungen zu bestimmten Problemen. Hinzu kommen Einführungsveranstaltungen, Veranstaltungen für Studienanfänger zu Studien-, Lern- und Arbeitstechniken, Merkblätter u. v. m. Die Studienberatung sollte rechtzeitig vor Semesterbeginn aufgesucht werden.

5.1.2 Fachstudienberatung

Die Fachstudienberatung hilft bei allen Fragen im Zusammenhang mit den gewählten Fächern. Hier erhält man Auskünfte zu speziellen fachlichen Fragen, zum Aufbau des einzelnen Fachstudiums, zu den angebotenen Lehrveranstaltungen, den Prüfungsanforderungen usw. Viele Institute führen bereits vor Semesterbeginn Orientierungsveranstaltungen, Einstufungstests oder zentrale Seminaranmeldungen durch. Deshalb gilt auch hier: Unbedingt rechtzeitig vor Semesterbeginn die Fachstudienberatung aufsuchen!

5.2 Orientierungsveranstaltungen

An vielen Hochschulen werden für jedes Fach eigene Orientierungsveranstaltungen für Studienanfänger angeboten. Diese sind von der Fachschaft und/oder den DozentInnen organisiert und finden häufig bereits vor dem Semesterbeginn statt, weshalb man sich auch rechtzeitig nach den Terminen erkundigen sollte. Die Teilnahme an diesen Veranstaltungen ist für jeden Studienanfänger unbedingt zu empfehlen, da man dort nicht nur Informationen erhält, die für das eigene Studium relevant sind, sondern auch die erste Kontaktmöglichkeit zu (künftigen) KommilitonInnen hat. Die Orientierungsveranstaltungen sind darauf ausgerichtet, Studienanfängern ihren Studienstart zu erleichtern sowie Fragen hinsichtlich

- Stundenplan
- Studienablauf
- Fachinhalten
- Organisation
- Struktur des akademischen Unterrichts
- Bibliotheksbenutzung (-führung)

etc. zu klären. Meist ist eine schriftliche Anmeldung am jeweiligen Institut erwünscht oder erforderlich. Die Termine für diese Veranstaltung sind ebenfalls dort (telefonisch oder über Aushang am Schwarzen Brett) zu erhalten.

5.3   Fachschaften

In jedem Fachbereich gibt es eine Fachschaft. Das ist eine Initiative aus engagierten StudentInnen des jeweiligen Fachbereichs, die sich für die studentischen Interessen am jeweiligen Fachbereich aktiv einsetzen und so versuchen, die Studienbedingungen zu verbessern. Viele fachlich und persönlich spannende Arbeitsgruppen entstehen aus dem Kreise der Fachschaft. Die Fachschaften organisieren an manchen Unis z. B. auch eigene Einführungs- oder Orientierungsveranstaltungen (s. o.), in denen ältere Semester den Studienanfängern eine Orientierung für den Studieneinstieg und -beginn anbieten. Die Aktivitäten der Fachschaft haben manchmal aber auch zum Ziel, die Studienbedingungen am jeweiligen Fachbereich mitzubestimmen und so hochschulpolitisch mitzuwirken. Die Fachschaften stehen allen Studierenden des Fachbereichs offen, und Mitarbeiter sind immer willkommen. An sie kann man sich auch mit Fragen zum Studium o. ä. wenden. Wo und wann sich die Fachschaft trifft, ist meist am Schwarzen Brett bzw. an ähnlicher Stelle ausgehängt oder im erläuterten Vorlesungsverzeichnis des Fachbereichs zu finden.

5.4   Hochschulpolitische Gruppen und Organe

Für Leute, die sich politisch interessieren und sich auch aktiv für die Interessen der Studenten einsetzen wollen, sind die hochschulpolitischen Gruppen interessant. Sie bieten im allgemeinen die Möglichkeit zur aktiven Mitarbeit.

5.4.1 AStA (Allgemeiner Studentenausschuß)

Der AStA ist ein Selbstverwaltungsorgan studentischer Interessen, das die gesamte Studentenschaft hochschulintern und -extern vertritt. Jede Hochschule hat einen AStA, der die Hochschulpolitik aktiv mitbestimmt. Doch auch Serviceangebote für StudentInnen werden vom AStA organisiert. Der AStA setzt sich in der Regel aus mehreren Referaten zusammen, an die man sich bei entsprechenden Problemen oder Fragen wenden kann.

5.4.2 Studentische Vereinigungen

Wer sich an der Hochschulpolitik beteiligen will und dies nicht im Alleingang tun möchte, kann sich z. B. auch einer politischen studentischen Vereinigung anschließen, die es in reicher Variationsbreite an jeder Hochschule gibt. Die Studentischen Vereinigungen treten auch bei den Wahlen der Vertreter der Studenten in Versammlung, Senat und Fachbereichsräten an. Ob nun JUSO (Jungsozialisten-Hochschulgruppe), GUSTAF (Gruppe unabhängiger Studenten aller Fachschaften) oder UFO (Unabhängige Fachschaftsoffensive), in allen Vereinigungen sind Mitglieder bzw. Mitarbeiter immer willkommen.

5.5 Andere studentische Einrichtungen

5.5.1 Studentengemeinden

Die Studentengemeinden sind kirchliche Einrichtungen, die auch kulturelle und gesellschaftliche Aufgaben wahrnehmen. Häufig haben sie ein umfassendes Veranstaltungsprogramm und vermitteln auch Plätze in den eigenen Studentenwohnheimen. Die Evangelische Studentengemeinde (ESG) lädt z. B. zu Vortrags- und Diskussionsveranstaltungen, Arbeitskreisen und geselligen Veranstaltungen ein; sie ist offen für Mitglieder aller christlichen Kirchen. Ihr Pendant, die Katholische Hochschulgemeinde (KHG), hat ein ähnliches Programm. Zusätzlich bieten beide Einrichtungen Beratungen für ausländische oder deutsche Studierende an.

5.5.2 Hochschulsport

An den meisten Hochschulen gibt es Einrichtungen für Hochschulsport. Hier hat man die Möglichkeit, als StudentIn ein breites und vielseitiges Sportprogramm zu nutzen. Die Preise sind für Studierende äußerst gering. Ob nun Segeln oder Aerobic, Leichtathletik oder Handball, wer etwas für seine körperliche Ertüchtigung tun möchte, findet hier bestimmt etwas. Weitere Informationen und gegebenenfalls Prospekte erhält man meistens beim Studentenwerk.

Natürlich sind damit noch längst nicht alle Möglichkeiten des Leute-Kennenlernens und des Aktiv-Seins aufgezählt. Im allgemeinen kann man beim Studentenwerk weitere Informationen oder eine entsprechende Broschüre erhalten, die alle wichtigen Stellen, Adressen, Initiativen und Einrichtungen aufführt.

6. Hilfestellungen für die Studienzeit

6.1 Wie kann ich das Studium finanzieren?

6.1.1 Private und öffentliche Stipendien

In Deutschland gibt es einige überregionale wie regionale Begabtenförderungswerke und Stiftungen, bei denen man sich um ein Stipendium bewerben kann. Im Gegensatz zur staatlichen Förderung (BAFöG) müssen die Bewerber jedoch bestimmte Voraussetzungen (wie z. B. überdurchschnittliche Begabung) vorweisen können, um ein bestimmtes Stipendium zu erhalten. Welche Förderungsmöglichkeiten und -voraussetzungen es gibt, ist i. d. R. beim Studentenwerk und dem AStA zu erfahren. Die erforderlichen Infos sowie die erforderlichen Formulare erhält man bei den jeweiligen Stiftungen. In vielen Fällen sind bei der Bewerbung auch zwei Empfehlungen von DozentInnen notwendig. Im folgenden sind einige Stiftungen aufgeführt, über die man ein Stipendium erhalten kann.

Cusanuswerk – Bischöfliche Studienförderung
Baumschulallee 5
53115 Bonn
☎ *(0228) 631407, 631647, 631237*

Evangelisches Studienwerk Villigst e.V.
Haus Villigst
58239 Schwerte
☎ *(02304) 755-0*

Friedrich-Ebert-Stiftung e.V.
Godesberger Allee 149
53175 Bonn
☎ *(0228) 883-0*

Friedrich-Naumann-Stiftung
Institut für Forschung und Begabtenförderung
Königswinterer Straße 409
53639 Königswinter
☎ *(02223) 701-0*

Friedrich-Naumann-Stiftung
Abteilung für Begabtenförderung
Taubenstr. 48/49
10117 Berlin
☎ *(030) 2231-0*

Hans-Böckler-Stiftung
Mitbestimmungs-, Forschungs-, und Studienförderungswerk des
Deutschen Gewerkschaftsbundes
Bertha-von-Suttner-Platz 3
40227 Düsseldorf
☎ *(0211) 7778-0*

Hanns-Seidel-Stiftung e.V.
Studienförderung
Lazarettstraße 33
80636 München
☎ *(089) 1258-0*

Konrad-Adenauer-Stiftung
Postfach 1420
Rathausallee 12
53757 St. Augustin
☎ *(02241) 246-0*

Otto-Benecke-Stiftung e.V.
Kennedyallee 105-107
53175 Bonn
☎ *(0228) 8163-0*

Studienstiftung des Deutschen Volkes
Mirbachstraße 7
53173 Bonn
☎ *(0228) 82096-0*

6.1.2 Staatliches Stipendium: BAFöG (Bundesausbildungs-förderungsgesetz)

Das Bundesausbildungsförderungsgesetz sieht eine staatliche finanzielle Unterstützung von Studierenden vor, die in finanzieller Hinsicht eine »Bedürftigkeit« nachweisen können (hierbei wird auch das Einkommen der Eltern berücksichtigt). Dabei handelt es sich meist um ein leistungsunabhängiges Stipendium, das teilweise oder auch ganz als Darlehen bewilligt wird. Die BAFöG-Anträge sind im Studentenwerk oder in der jeweils zuständigen BAFöG-Stelle zu erhalten. Bei diesen Stellen, wie gegebenenfalls auch bei der BAFöG-Beratung der Fachschaften und bei den Studienberatungsstellen, erhält man die jeweils aktuellen Informationen und Hilfestellungen zu BAFöG-Fragen. Hat man den unumgänglichen Formularkrieg einmal hinter sich und wurde der Antrag bewilligt, dann erhält man monatlich einen bestimmten Zuschuß (die Höhe des Förderungsbetrags richtet sich nach der finanziellen Situation der Familie). Dabei müssen von BAFöG-Empfängern jedoch bestimmte Bedingungen hinsichtlich des Studienablaufs erfüllt werden, damit die finanzielle Unterstützung nicht eingestellt wird, z. B. das Ablegen der Zwischenprüfung bis zu einer bestimmten Anzahl an Semestern. Auch die Abschlußprüfung sollte bzw. muß innerhalb der Förderungshöchstdauer (ca. 10 Semester) erfolgen.

6.1.3 Selbst Geld hinzuverdienen

Ein großer Teil der StudentInnen ist darauf angewiesen, während des Studiums zu jobben. Wer auf Jobsuche ist, kann sich auch an das Arbeitsamt wenden, das bei vielen Unis eine Servis-Jobvermittlung für Studierende (»Studenten-Servis«) eingerichtet hat. Dort kann man kurz- oder längerfristige Jobs vermittelt bekommen (um in die Kartei aufgenommen zu werden, ist ein Paßfoto mitzubringen).

Natürlich kann man sich auch selbst auf die Jobsuche machen. Sofern es möglich ist, sollte man dabei auch ein wenig die Chancen für den Berufseinstieg nach dem Studium im Auge behalten. Hat man z. B. das Glück, einen Job bei einer Firma zu bekommen, bei der man sich auch vorstellen kann, nach dem Studium eine adäquate Beschäftigung zu finden, dann ist es natürlich empfehlenswert, diese Verbindung aufrechtzuerhalten. Aber auch Fähigkeiten und Qualifikationen, die man sich über einen Job und die damit verbundenen Anforderungen und Tätigkeiten eventuell aneignen kann, sollten in ihrer Relevanz für die berufliche »Qualifikation« nicht unterschätzt werden. Nicht zuletzt sind natürlich auch die über das Jobben gemachten Erfahrungen nützlich und von Vorteil.

Auch an den Unis selbst gibt es die Möglichkeit, sich als »studentische Hilfskraft« nebenher ein bißchen Geld dazuzuverdienen. Vor allem die Bibliotheken suchen immer wieder studentische Aufsichts- oder Aushilfskräfte, wenn auch für einen relativ geringen Stundenlohn.

6.2　Was die Chancen auf dem Arbeitsmarkt verbessern kann

Der Arbeitsmarkt für PsychologInnen ist zwar nicht unbedingt trostlos, aber auch alles andere als rosig. Von daher ist es sinnvoll, sich bereits während des Studiums Zusatzqualifikationen anzuzeigen. Dabei muß es sich nicht immer um »lästige Erschwernisse« handeln. Im folgenden sind die einzelnen Möglichkeiten zur Verbesserung der eigenen Situation aufgeführt.

6.2.1　Auslandsaufenthalte

Der Wert von längeren Auslandsaufenthalten während des Studiums ist auf dem Arbeitsmarkt nicht zu unterschätzen. Schließlich zeigt man damit Sprachkenntnis, Engagement, Mobilität, Cleverness, Risikobereitschaft etc. – alles Eigenschaften, die für potentielle Arbeitgeber sicher nicht uninteressant sind. Welche Möglichkeiten es für längere Auslandsaufenthalte während des Studiums gibt, wird im folgenden aufgelistet.

6.2.1.1　Auslandspraktika

Bei den meisten psychologischen Tätigkeiten ist immer die Wichtigkeit der Sprache zu beachten. Ein Auslandspraktikum macht also nur Sinn, wenn entsprechende Fremdsprachenkenntnisse vorhanden sind.

Vermittelt werden Auslandspraktika von verschiedenen Organisationen. So besteht z. B. über die wirtschaftlich orientierte internationale Studentenorganisation AIESEC die Möglichkeit eines Praktikantenaustausches; zusätzlich werden Seminare, Podiumsdiskussionen und Vortragsreihen an den Unis durchgeführt und Firmenkontaktgespräche angeboten.

AIESEC-Bonn
☎ *(0228) 213201*

AIESEC-München
Amalienstr. 52
80799 München
☎ *(089) 280612, 280684*

Weitere Möglichkeiten für Auslandspraktika und die dafür zuständigen Organisationen sind über das Studentenwerk oder auch über die zuständigen Stellen an der Uni zu erfahren.

6.2.1.2　Auslandsstudium

Nicht nur für das Studium in der BRD kann man sich um ein Stipendium bewerben, auch für das Auslandsstudium gibt es einige Stipendienmöglichkeiten. In vielen Fällen bietet bereits die eigene Uni Auslandsstipendien an oder vermittelt diese.

Unter den jeweils anzusprechenden Organisationen ist zunächst der DAAD (Deutscher Akademischer Austauschdienst) zu nennen, eine Einrichtung der

Hochschulen in der BRD. Seine Aufgabe besteht in der Förderung der internationalen Beziehungen im Hochschulbereich, insbesondere durch Austausch von Studenten und Wissenschaftlern. Unter anderem wird folgendes angeboten:

▶ Vergabe von Stipendien an ausländische und deutsche Studierende, Praktikanten, jüngere Wissenschaftler und Hochschullehrer (ERASMUS-, LINGUA- und andere Programme)

▶ Vermittlung und Förderung deutscher wissenschaftlicher Lehrkräfte (auch Lektoren der dt. Sprache, Literatur und Landeskunde) zu Dozenturen an ausländischen Hochschulen

▶ Informationen über Studien- und Forschungsmöglichkeiten im In- und Ausland

▶ Betreuung der ehemaligen Stipendiaten vor allem im Ausland

Für Länder innerhalb der EG oder der EftA gibt es mehrere Austausch-Programme. Das sogenannte ERASMUS-Programm bietet z. B. Auslandsstipendien innerhalb der EG an. Dabei wird der Austausch von Studierenden über Kooperationsprojekte einzelner Hochschulen innerhalb der EG aus EG-Mitteln gefördert. Das LINGUA-Programm verfolgt in etwa ein ähnliches Ziel, dient jedoch vorwiegend zur Förderung der Fremdsprachenkenntnisse innerhalb der EG. Die erforderlichen Informationen zu diesen und gegebenenfalls weiteren Programmen sind bei den jeweiligen Stellen für Auslandsstudien und -stipendien der Uni oder beim DAAD zu bekommen.

DAAD
Kennedyallee 50
53175 Bonn
☎ *(0228) 882-0*

Auslandsstipendien in den USA und Kanada werden von der Fulbright-Kommission vergeben. Allerdings müssen sich die Bewerber dem sogenannten TOEFL-Test unterziehen, um eine ausreichende Kenntnis der englischen Sprache nachzuweisen. Informationen sind wiederum über die jeweils zuständige Stelle der Uni (Referat für das Auslands- und Ausländerstudium) oder die Fulbright-Kommission selbst zu beziehen.

Fulbright-Kommission
Theaterplatz 1a
53177 Bonn
☎ *(0228) 361021*

Als letztes wäre noch die Carl-Duisberg-Gesellschaft zu nennen. Von ihr werden sowohl Studien- wie auch Arbeitsaufenthalte im Ausland vermittelt und gefördert.

Carl-Duisberg-Gesellschaft
Lützowufer 6-9
10785 Berlin
☎ *(030) 25482-0*

6.2.1.3 Ferienjobs und Arbeit im Ausland

Neben einem Auslandspraktikum oder einem Auslandsstudium gibt es noch die
Möglichkeit, im Rahmen eines Arbeitsaufenthalts eine kürzere oder längere Zeit
im Ausland zu verbringen und entsprechende Erfahrungen zu sammeln. Auch
hierfür gibt es Institutionen, die sich um die Vermittlung entsprechender Stellen
kümmern. Die Zentralstelle für Arbeitsvermittlung (ZAV) vermittelt Arbeitsplätze
in europäischen Industrieländern und in den USA. Ihr Programm »Jobben im
Ausland 1996« (für Studenten wie für andere Arbeitnehmer) ist beim Arbeitsamt
zu erhalten, weitere Informationen gibt es bei der ZAV.

Zentralstelle für Arbeitsvermittlung
- Abteilung Ausland -
Postfach 170545
Feuerbachstr. 42-46
60079 Frankfurt
☎ *(069) 7111-1*

Eine Alternative hierzu besteht in der Teilnahme an einem internationalen
Workcamp. Dabei geht es häufig eher um das Kennenlernen von Leuten und die
Mitarbeit an einem mehr oder weniger uneigennützigen Gemeinschaftsprojekt
(Weinlese in Frankreich, Renovierung eine Klosters u. ä.) als ums Geldverdie-
nen. Meist werden Unterkunft und Verpflegung von der jeweiligen Organisation
gestellt bzw. finanziert, die Reisekosten sowie eine Anmeldegebühr sind von den
Teilnehmern zu tragen. Einer der Veranstalter von Workcamps ist z. B. die IBG,
bei der man auch weitere Informationen einholen kann:

Internationale Begegnung in Gemeinschaftsdiensten e.V. (IBG)
Schlosserstr. 28
70180 Stuttgart
☎ *(0711) 6491128, 6490263, 6490062*

6.2.2 Zusatzqualifikationen erwerben

Im Hinblick auf die Zeit nach dem Studium ist für Studierende der Psychologie
die Aneignung von Zusatzqualifikationen und Praxiserfahrung während der Stu-
dienzeit unbedingt zu empfehlen. Denn als »bloßer« Hochschulabgänger hat
man selbst bei überdurchschnittlicher Abschlußnote noch keine Gewähr dafür,
eine geeignete Arbeitsstelle zu finden. Wie man sich während des Studiums auf
die Zeit danach vorbereiten kann und welche Möglichkeiten es dabei gibt, ist im
folgenden kurz aufgezeigt.

6.2.2.1 Hilfreiche Fähigkeiten und Kenntnisse

Vielfach besteht bereits an der Hochschule die Möglichkeit, sich über entsprechende Kurse o. ä. zusätzliche Kenntnisse und Fähigkeiten anzueignen. So bieten z. B. manche rechtswissenschaftlichen Institute, Fachbereiche oder andere
Institutionen an der Hochschule *EDV-Kurse* an, die man während des Semesters
besuchen kann. Dabei lernt man, wie man mit dem PC arbeitet und ihn sinnvoll
für das Studium einsetzt, bekommt einen Einstieg in die wichtigsten Programme

(v. a. Textverarbeitungen) und eignet sich so Wissen und Fähigkeiten an, die sowohl für das eigene Studium (z .B. Erstellung von Hausarbeiten) wie auch für die Qualifikation auf dem Arbeitsmarkt von Vorteil sind. Diese Chance sollte man unbedingt nutzen, denn mittlerweile sind computertechnisch erstellte Seminararbeiten bereits Standard.

Auch *Fremdsprachenkenntnisse* kann man sich an der Hochschule oder in anderweitig angebotenen Sprachkursen (Volkshochschule etc.) während des Studiums aneignen oder verbessern. Um die entsprechenden kostenlosen Kurse an der Uni zu erfahren, sollte man sich bei den jeweiligen Instituten bzw. Seminaren erkundigen. An der Volkshochschule gibt es meist reduzierte Studentenpreise für das gesamte Angebot.

6.2.2.2 Praktika

Es ist unbedingt lohnenswert, sich während des Studiums um ein Praktikum zu bemühen. Denn einerseits hat man so die Möglichkeit, bereits neben dem Studium (z. B. innerhalb der Semesterferien) in den Arbeitsbereich hineinzuschnuppern, für den man sich im Hinblick auf eine zukünftige Beschäftigung interessiert. Andererseits kommt man so zu einer gewissen Praxiserfahrung, die für die Berufschancen später nicht unerheblich ist.

Obwohl Praktika in den meisten Fällen nicht oder nur schlecht bezahlt sind, profitiert man i. d. R. davon: Schließlich

▶ hat man so die Möglichkeit, bereits vor Ende des Studiums die Situation »vor Ort« auszuloten,

▶ schafft sich so eventuell eine erste Anlaufstelle,

▶ nimmt die ersten Kontakte zur potentiellen Arbeitswelt auf

▶ und eignet sich während des Studiums wichtige Praxiserfahrung sowie gegebenenfalls nützliche Fähigkeiten und Kenntnisse für den beruflichen Einstieg an.

Sachverzeichnis

S